巴斯德

Louis
Pasteur

巴斯德
Louis Pasteur

皮波人物国际名人研究中心 编著

国际文化出版公司

·北京·

图书在版编目（CIP）数据

巴斯德 / 皮波人物国际名人研究中心编著. --北京：国际文化出版公司，2013.12（2024.2重印）
（名人传记丛书）
ISBN 978-7-5125-0603-9

Ⅰ.①巴… Ⅱ.①皮… Ⅲ.①巴斯德，L.（1822～1895）—传记 Ⅳ.①K835.656.15

中国版本图书馆CIP数据核字（2013）第262325号

巴斯德

作　　者	皮波人物国际名人研究中心　编著	
责任编辑	赵　辉	
统筹监制	葛宏峰　刘　毅　刘露芳	
策划编辑	徐　峰	
美术编辑	丁鋆煜	
出版发行	国际文化出版公司	
经　　销	国文润华文化传媒（北京）有限责任公司	
印　　刷	北京一鑫印务有限责任公司	
开　　本	700毫米×1000毫米　　16开	
	8印张　　　　　　　77千字	
版　　次	2013年12月第1版	
	2024年2月第3次印刷	
书　　号	ISBN 978-7-5125-0603-9	
定　　价	34.00元	

国际文化出版公司
北京市朝阳区东土城路乙9号　　　　　邮编：100013
总编室：（010）64270995　　　　　传真：（010）64270995
销售热线：（010）64271187
传真：（010）64271187-800
E-mail：icpc@95777.sina.net

目录

目录

目录

年少有志

善良的孩子

　　路易斯·巴斯德，是著名的法国生物学家、化学家，他开创了微生物生理学，在战胜狂犬病、鸡霍乱、炭疽病、蚕病等方面都取得了巨大成果。在他的一生中，曾对同分异构现象、发酵、细菌培养和狂犬病疫苗等研究取得重大成就，从而奠定了工业微生物学和医学微生物学的基础，被后人誉为"微生物学之父"。

　　此外，路易斯还将医学带进了细菌学时代，使医学领域得到了空前的发展。

　　这位医坛巨匠，为人类作出了如此巨大的贡献，实在让人钦佩不已。

　　在法国的东部，有一个叫做洛尔的小镇。小镇距离首都巴黎300多千米。

　　1822年12月27日，路易斯·巴斯德降生于这个小镇。小镇上有一条清澈的小溪，路易斯的家就在溪岸的路边。

　　路易斯·巴斯德的家庭很简单。他的父亲是个鞣革工人，从小失去了父母，成为孤儿，没有受过正式的教育。他的母亲是个很普通的农家女。路易斯还有一个姐姐和两个妹妹。路易斯家虽然普普通通，而且家境贫寒，但是父母为人诚实勤劳，家中的生活也算过得去。

路易斯降生几年之后，巴斯德家迁移到离洛尔不远的阿尔布瓦。所以对于洛尔镇，路易斯没有留下深刻的印象。

阿尔布瓦是一个比洛尔还要小的市镇，人口不到4000人。这个小镇以盛产葡萄酒而闻名，小镇的四周被山环绕，山上遍地都是葡萄园。

小镇的中间铺着一条清洁白净的道路，盘旋着穿梭在葡萄园中。在道路的一端高处之上，高耸着教会的钟楼。

路易斯从小就很有爱心，他讨厌残酷的行为，比如捕捉小鸟、虐待猫狗等事情，路易斯是做不出来的。而他的这种性情从始至终都没有改变。

路易斯十分喜爱绘画，而且画得很不错。阿尔布瓦的人们看了路易斯的画，都异口同声地夸奖他："路易斯画得真是太棒了。将来路易斯一定能成为艺术家的。"

不过，对于路易斯的父亲来说，人们的这些称赞并没有让他感到高兴。路易斯画得确实不错，但是，路易斯对于文化知识的学习并没有产生太大的兴趣。

而事实上也确实如此。路易斯在小学里的成绩的确不是很好，在班上，他的成绩只比中游的学生略好而已，不能说他是个优秀的学生。

但凡优秀的学者、出色的艺术家当中，很多人都是从小就显现出超常的才能。比如说，创立"相对论"的物理学家爱因斯坦，他在十二三岁的时候就阅读大人也很难理解的哲学书籍，他在学校展现出来的非凡才能让老师们惊讶不已。

不过，在知名人士当中，小时候并没有展现超常能力，而是靠着不断努力成就声名的人，也大有人在，路易斯·巴斯德属于后者。路易斯那时候除了喜欢画画之外，是一个从来都不会引人注意的平凡少年。但是，就是这样的路易斯，以后竟然成了世界上最伟大的学者之一，相信包括他父亲在内，没有一个人会想得到吧！

在巴黎的日子

路易斯小学毕业之后，进入了阿尔布瓦的中学，如同小学一样，他在阿尔布瓦中学也没能取得很好的成绩。不过，路易斯做什么都认认真真，而且求知欲强。任何事情，如果没有彻底了解，他绝不会贸然进行，路易斯具备深思熟虑的性格。

除此之外，路易斯还有着火一般的热情和超凡的想象力。他的这种想象力体现在绘画方面，绘出了很多不错的作品。

路易斯的中学校长罗马纳先生觉察到了他的这种与众不同的心性。

罗马纳先生是第一个看出路易斯才能的人，也是对路易斯·巴斯德的一生产生很大影响的人。由于罗马纳先生的谆谆教导，路易斯在年少时期就立下了远大的志向。

一天，罗马纳先生和路易斯在校园中散步，他突然问路易斯："你以后想做什么呢？"

路易斯顿了一下，说："对不起，我还没考虑好。"

"还有一年你就毕业了，毕业之后怎么办呢？我看你还是继续深造吧！"

"是。"

"那你想去哪个学校呢？"

"这……我还没想好。"

"不如这样，你可以去巴黎的高等师范学校……"罗马纳先生和路易斯聊起了关于巴黎高等师范学校的事情。

当时，法国有两所名声很大的学校——高等师范学校与高等理工科学校。高等师范学校分为文科和理科，毕业之后能够成为中学老师，也有许多人成了大学教授、政府官员或文学家等。高等理工科学校是培养技师的学校，不过这里也造就了很多科学家。法国的伟人大都毕业于这两所学校。这两所学校都是公立的，不必缴纳学费。

路易斯的眼中透出希望的光芒，他听着罗马纳先生谈论关于高等师范学校的事情，觉得自己应该听从罗马纳先生的忠告，所以他下定决心就读高等师范学校。

不过，路易斯的父亲听说路易斯的志愿后，迟迟下不了决心。他想起自己还没有满 15 岁的儿子要去 300 千米远的巴黎读书，为他感到担心。

还有一个大问题，那就是读书的费用。虽然因为父亲辛勤劳动，现在比过去宽裕了，但是拿不出多余的钱送儿子远赴巴黎读书。

这下子可怎么办呢？父亲仍然犹豫不决，这时候有人提醒他说："如果是担心费用的问

少年时期的巴斯德

题，那么大可不必，巴黎拉丁区的学生街，有本地出生的巴尔贝先生经营的学舍。听说这位巴尔贝先生对于同乡的寄宿费用向来会特别优待，你的儿子一定也可以享受优待的。"路易斯的好朋友韦塞尔也打算一起去巴黎读书，这样路易斯父亲的担心减轻了不少，他最后答应了路易斯的巴黎之行。

1838 年 10 月底，路易斯出发前往巴黎。那一天，父亲和母亲到驿站前的广场送他，在那寒风细雨的日子，路易斯和韦塞尔乘上公共马车离开了家乡。

那时的旅行很不方便，他们要在马车内坐 24 小时才能抵达巴黎。父母对路易斯还是不太放心，他们含着眼泪忧心忡忡地与儿子分别。

马车终于起动了，阿尔布瓦镇逐渐远去，当教会的钟楼消逝在遥远的尽头之时，路易斯感到有一种孤独无依的心情。

往常开朗活泼的韦塞尔，似乎也有同感，两个人默默无

语，蜷缩在马车的一角，脑海中浮现的是刚刚别离的父母。

来到巴黎之后，路易斯寄宿在巴黎巴尔贝先生的学舍，每天到圣路易斯中学上学。

他们来到了盼望已久的巴黎读书，但总是耐不住寂寞，恨不得能插翅飞回去，因为他们总是挂念着远方的父母。

虽然一再地自我勉励，路易斯还是很怀念阿尔布瓦。他思乡心切，以致夜不成眠。

开朗的韦塞尔就不一样了，他离开阿尔布瓦时，虽也难免悲伤，但到了巴黎，他那份思乡的情结已经风吹云散了。

巴尔贝先生见到路易斯的样子十分担心，他用了各种办法想让路易斯开心起来，但是都不见效。

巴尔贝先生很惊讶路易斯的思乡病竟然有这么严重，他想如果让他继续留在巴黎的话，也许真的会生病，所以他秘密写信通知路易斯的父亲。

努力学习

就这样，路易斯被父亲带回了阿尔布瓦，他再次进入了镇里的中学。

离开家乡远赴巴黎，现在又放弃愿望返回阿尔布瓦，这让路易斯很后悔。也许当时他对于患了思乡病的自己感到十分失望。

为了能够摆脱这种情绪，路易斯又开始重拾他的绘画，他画了父母、姐妹们和镇内许多居民的肖像。这些肖像画到现在还保存着，竟然看不出那是出自一个少年的手笔。

那时候，法国的中学一般都是 7 年制，最后一学年分为哲学科和数学科两科，但是阿尔布瓦的中学没这两个学科，也就是说只有 6 学年。路易斯第六学年的成绩不错，还得到了很多奖品。

校长罗马纳先生十分高兴，向路易斯道喜，随后他说："这一次你的成绩真是不错。让你继续留在这个小镇有些可惜！我一直都相信，只要你用功，将来一定能够成为有影响力的大人物。我一直希望你进入高等师范学校就读，你现在是否已经不想去高等师范学校了？"

"不，无论怎么样我还是要去，我还没有放弃这个梦想。"

"你这么说我就宽心了。好好地努力，去实现自己的梦想！"

罗马纳先生再次鼓励，让路易斯重新燃起了进入高等师范学校的希望。可是怎么样准备升学考试呢？想起了一年前的事，路易斯实在没有自信。

路易斯沉思了一会儿，说："罗马纳先生，为了准备考试，我想念布山松的中学。听说那个学校有哲学科，也有数学科……"

"这个计划很不错。布山松距离这里才 48 千米。你的父母每个月都要到那里去卖皮革，可以经常见面，再也不会像在巴黎时患思乡病了，这个主意想得很好。"罗马纳先生微笑着表示赞成。

路易斯的父母也很赞成他的这个建议，所以路易斯决定去往布山松读书。

布山松镇比阿尔布瓦大，而且也特别热闹。学校位于法院的旁边，是一座石造的古老建筑。

路易斯到了这所学校后开始拼命用功读书，偶尔也提笔画画，虽然获得了朋友们的夸奖，但是路易斯并不因此感到高兴，因为他的心思现在不在画画上面了。

到了布山松没多久，路易斯在给父母和姐妹们的信中说：

> 我画的肖像，受到了大家的夸奖。但是，肖像画画得再好再多，也没有办法进入高等师范学校。与其绘画被称赞得天花乱坠，我不如拿到第一名的学习成绩。
>
> 爸爸，这个星期我们就可以见面了吧？因为星期一开市，为了卖皮革，我想您得早一天来啊。您来了的话，我们可以一起去拜访多纳先生，请教一些有关高等师范学校的事，听说他是高等师范学校毕业的。

路易斯在布山松虽然也想家，但他现在却能够排除念家的情结，加倍努力用功。

1840 年的 8 月，路易斯通过了大学入学资格考试。路易斯的学习成绩，除了科学为优等外，总体成绩并不突出。

但即便是这样，布山松中学的校长却对他说："路易斯同学，新学期的 10 月起，我们决定让你当助教，好吗？"

"让我当……"路易斯惊讶地问，"校长，请问这是为什么？"

"咱们学校的学生人数太多，但是老师人数太少，人手不够，所以想请你当助教。"

"但是校长，我的成绩不是很好，比我强的人有很多啊。"

"就像你说的，成绩比你好的人确实有很多。但是，成绩好的人不一定能成为好老师。教育工作，单单学习成绩好是不行的，人要实在、认真、热心才是最重要的。而你具有这些优点，所以推荐你当助教，请接受吧。"

路易斯为这突如其来的喜讯激动不已，他欣然接受了。

从新学期的 10 月起担任助教的路易斯，为了准备高等师范学校的入学考试，他经常埋首于数学科的研读，到了自习时间，他就认真指导学生的课业。校长确实有知人之明，路易斯由于秉性认真，学生都尊重他，很乐意听从他的教导。

路易斯每个月可以领到助教津贴。当路易斯第一次拿到薪水的时候，他觉得金额有些多，认为与当时的身份不相称，而且学校还提供三餐和宿舍。

现在，有了更多时间用来钻研难题，难题也得以逐一解决而减少了。

在这段时间里，路易斯仍然给父母和姐妹不断写信。有一次，他写信勉励妹妹说："妹妹，我从父亲那里听说你们会主动地用功读书，真是太好了。一个人要能立志向学，才会成功。意志、读书和成功这三项是很重要的。因为意志，通向成功的门才可以打开。如果你的决心坚定的话，那么你的事业可说是已在开展了，请再努力前进吧！只要努力，定能结出成功的果实。"

路易斯在信里反复强调意志坚强的重要性。远赴巴黎读书时候患思乡病的经历，让路易斯深深体会到了坚强意志的重要性。路易斯认为，只要意志坚强，那么生活就可以如你所愿，所以努力强化意志力是很重要的。路易斯已经不再患思乡病，他现在变得情绪稳定、意志坚强。

这时，路易斯感觉他应该对家人表示一点自己的心意，因为姐弟四人，只有他能够如愿读书，总觉得愧疚，所以路易斯觉得也该让姐妹们多多接受教育才好。

当时除了学校的薪金以外，路易斯也受托辅导低年级同学的功课，所以他的收入增加了一些，他准备让妹妹约瑟芬进入女校。曾经有很多同学都请他辅导课业，他为了多留下一点时间以便进修，都婉言拒绝了，现在他为了妹妹，很乐意牺牲自己的部分时间。

路易斯把这个想法告诉了父母。父亲立刻回信说："你有这番心意，我们也很高兴，但是我们不希望你这么做。你关心妹妹的意愿我们都能够了解，不过准备高等师范学校入学考试也耽误不得，如果你需要钱，我们会马上寄给你。"

路易斯·巴斯德确实是很为父母和姐妹着想的。他不仅对家人如此，对朋友也很关心，很尊重友情。路易斯有一个名叫夏尔·夏布伊的好友，也就是后来的图尔农大学校长，他俩一生的友谊，被传为美谈。

路易斯是布山松中学的数学科学生，夏布伊是哲学科学生。虽然学习的科目不同，但他们却成了最好的朋友。

夏布伊被修习理科但对文学有兴趣的路易斯的性格所吸引，心生敬爱；路易斯认为思想淳朴的夏布伊是值得信赖的朋友，景仰不已。两个人经常推心置腹，畅谈人生理想。

夏布伊为了准备高等师范学校的入学考试打算去往巴黎。路易斯本来也想一起去，但是父亲没有同意，因为父亲怕他像上次一样患思乡病。

"我已经完全没有那时候的孩子气了，不要担心我会患思乡病。"路易斯虽然感到很遗憾，但他还是听从了父亲的决意。

夏布伊独自前往巴黎，这对路易斯来说，有些怅然若失。

留在布山松的路易斯，不断努力学习，成绩总是名列前茅。当他取得物理科的第一名的时候，他想他应该尽早去巴黎，加入更刻苦用功的巴黎学生群中读书。

路易斯一心想着去往巴黎，因为他一个在巴黎读书的朋友以第一名的成绩考进了高等师范学校，但布山松的毕业生却一个也没录取，其中有几个人的成绩比路易斯还要优秀。

心仪的圣地

路易斯一直在考虑一个问题，巴黎的那两所著名学校到底该去哪一所呢？路易斯突然有一种两所学校都去试一试的想法。布山松中学的老师们也认为这样或许会更好一点，都不断鼓励他。

路易斯立刻给夏布伊写信，征求他的意见。信中说：

> 我想今年同时考高等师范学校和理工科学校，这种决定到底如何我不清楚。我的想法到底是对还是错呢？也许我们两个要分别进入不同的学校，想到这里，我又认为自己不会去考理工科学校了。请尽快回信，把你的意见说给我听听。

回信马上来了，信中充分显示出夏布伊的爱心和理智：

> 好好想想自己的兴趣，你不仅要考虑现在，也要考虑将来，最关键的是你做的决定，是要决定自己的

命运。

或许，进入理工科学校会前途无量，但是我只想进入高等师范学校，准备过平静的教师生活。那种生活，也许在某一方面来说很单调，但是对于懂得其中乐趣的人而言，却充满了魅力。你之前不是也热爱这种生活的吗？当你和我约定携手同进的时候，我选择了教师生涯。

我认为，你应当坚持你认为幸福的方向。这种说法，或许你的父亲不会同意，他会认为我是诱惑你的恶魔。本来我打算请你在这次休假中来我家玩，现在却要劝你来巴黎了。你的父亲虽然总是不让你为所欲为，但是请不要忘记，他是出自一片爱心……

当路易斯看完信之后，马上决定放弃考理工科学校的想法。

"对，我的梦想从一开始就是高等师范学校，不能再想其他的了。"路易斯全力准备高等师范学校的入学考试。

1842 年 8 月，路易斯考取了高等师范学校，在 22 人中排第十四名，成绩很不理想。

如果凭着优秀的成绩入学的话，以后会有很多好处。当时法国的考试制度十分严格，考试成绩总是跟着人一辈子，并影响以后的职业生涯，所以路易斯决定重考。

同年 10 月，路易斯和夏布伊同赴巴黎读书，寄宿在巴尔贝先生的学舍。这一次，父亲终于同意了。

因为现在路易斯已经不是以前的小孩子了，他是以辅导教师的身份进入巴尔贝学舍。寄宿费只有普通学生的 1/3，不过要在早上 6—7 点，辅导年轻的学生复习初等数学。

路易斯每天早上必须提前起床，等到一小时的复习辅导结束之后，他再到圣路易斯中学上学。

路易斯在学舍内总是热心帮忙，十分勤快，后来他的寄宿费用全部被免除。不过，后来的一些零散的费用也要不少钱，路易斯不敢浪费一分钱，他不去游玩，也从来不搞奢侈，他认为有书读就很满足。

父亲来信总是千叮咛万嘱咐，让他每星期天、星期四和夏布伊去饭馆吃一些好的饭菜，但路易斯他们一向很节俭，很少点贵的饭菜。冬天学舍的寝室里很冷，于是路易斯租了一个廉价火炉，和室友们摊钱买柴御寒。

因为书桌上有小洞和裂痕，这样书写很不方便，路易斯只得忍痛花钱买了一张新桌布，而这是路易斯购买的唯一的奢侈品。

第二年的 8 月，经过了长期的努力，路易斯最终以第四名的优异成绩考上了高等师范学校。

路易斯返回阿尔布瓦的家中，亲自把这个好消息告诉正在紧张等待的父母。路易斯在高等师范学校还没有开学前就回到了巴黎，经过允许，他提前寄宿在高等师范学校的宿舍。他去拜访巴尔贝先生，鞠躬道谢说："尊敬的巴尔贝先生，蒙受您长期以来的关照，我现在顺利地进入高等师范学校,万分感激。高等师范学校每星期四只有半天课,下午1—8点之间可以自由外出。我想每周四来这里教寄宿生物理课,报答您的恩德。"

"谢谢你,路易斯,我很乐意接受。"

路易斯将这件事告诉了父亲,父亲回信说:

> 我听说你现在在巴尔贝先生处辅导学生功课,这件事让我感到很欣慰。巴尔贝先生曾经对你细心照顾,我也正在考虑该怎么样去回报。路易斯,你这么做是很正确的。知恩图报,这是做人的本分。你对巴尔贝先生给你的恩惠有所报答的话,巴尔贝先生将会把曾经施予你的亲切关照,也施与其他年轻人,这会让更多的人受惠。

看完这封信就知道,巴斯德父子是那种绝不会忘记别人滴水之恩的人,并且他们每时每刻都在想着如何回以更多的报答。

沉醉于研究发明

成了高等师范学校理科学生的路易斯,更加努力地奋斗,决不旁顾而直往前冲。

　　被誉为"花都"的巴黎，有形形色色的游乐场所，认真读书的路易斯却视而不见，有空的时候大多在学校图书馆里专注于学问的研究。

　　父亲很了解路易斯的个性，所以他每次来信几乎必定要说一句话："我们都很担心你用功过度而弄坏了身体。"父亲也经常写信给路易斯的好友夏布伊说："请你注意，不要让路易斯用功过度。拜托拜托。"

　　夏布伊忠于老巴斯德之托，每当学校规定的外出时间一到，他就到路易斯的实验室招呼道："路易斯，去散散步吧！"

　　他们经常去卢森堡公园散步。靠近高等师范学校的这一个公园很宽敞，绿油油的树木耸立着，处处可以看到大理石像，也有清澈的喷水池。和煦的阳光下，孩子们在嬉戏着。

　　他们两个在树荫底下并肩走着，谈论彼此的功课。普通的学生一出校门，不是谈巴黎街上的新鲜事情，就是数落学校老师的不是，但是他俩从来不谈这些。

　　夏布伊对路易斯谈他的哲学，路易斯对夏布伊谈他的科学，彼此热心地倾听对方的话。因此，文科学生的夏布伊也逐渐对科学问题产生了兴趣。

　　"不管我什么时候过去，总是看到你正在忙着做实验。你竟然不觉厌倦，真令我奇怪！"夏布伊感叹着说。

　　"不光是你，连理科的学生们也在奇怪，他们给我取了个外号叫做'实验室蛀虫'。"路易斯笑着回答。

　　"实验真的那么好玩吗？"

"与其说好玩有趣，不如说是课堂上听到的事情如果不做个实验来证明对错，我就安不下心。"

"如果将这些全部实验的话，那会很麻烦。"

"是的，时间久的实验，一般的人都会中止，可是我不做到底就静不下来。"

"你还真有耐心。"

"有一次，化学课上讲到提炼磷的方法，我就亲自实验了一下。到肉店买骨来烧，然后用硫酸处理磨细的骨灰，终于成功地提炼出 60 克的磷。那时候我真的很激动！第一次尝到了做科学家的乐趣。"路易斯得意地谈着，接着他又热心地告诉夏布伊现在所做的研究，以及此后的读书计划等。

对于从不玩乐只知道用功的路易斯来说，能和好友倾谈变成了一大乐事。

生活就这样反复地过着，不知不觉 3 年过去了。1846 年，路易斯从高等师范学校毕业了，时年 24 岁。

被学友们称为"实验室蛀虫"的路易斯，临毕业之前还在专心做实验，其他同学却利用这段时间拼命准备毕业考试，所以毕业成绩比路易斯好的人有很多。

路易斯毕业时，在学士考试名列第七，而物理学教授资格考试有 14 人志愿报考，在录取的 4 人中，路易斯名列第三。

高等师范学校毕业生的义务是到地方的中学担任教师。路易斯本来也该当中学教师的，但是巴拉尔先生却特意请求教育部部长任命他为研究室助手。

巴拉尔先生在 24 岁的时候就发现了制造感光板所不可缺的溴元素，是个极有名气和威望的学者。路易斯认为能在如此优秀的学者手下从事研究工作，三生有幸，他深深地感谢巴拉尔先生能对他另眼相待，给他这次绝佳的机会。

年少有成

路易斯做了高等师范学校的研究室助手之后，他边做助手工作，边写博士论文。一年之后，也就是 1847 年的 8 月，他的论文通过，因此获得了理学博士学位。

虽然路易斯的博士论文成绩不算太好，但是父亲仍为儿子成了博士感到很高兴。

同年 12 月底，路易斯将学校薪水的一部分寄给姐妹们。不久后他接到父亲的信里面提到了送钱的事："你寄来的钱收到了。姐妹们都很高兴，但是我认为这些钱你该自己留着，可以跟好朋友一起吃顿美味的大餐。"

在这一封信中，还附上了母亲写的几句话。

从这封信就可以明白，路易斯的父母都很担心路易斯为了研究学问而搞垮身体，希望他在巴黎能愉快健康地生活。但是路易斯却整天把自己关在研究室里，开始研究学生时代就想做的酒石酸。

酒石酸是瑞典一位著名的科学家在 1770 年发现的，是一种透明的柱状结晶。酿造葡萄酒的桶里会产生石状物，俗称酒石。柱状结晶的酒石酸就是从酒石中发现的。

50年后的1820年，阿尔萨斯的酿造业者，在制造酒石酸时，偶然得到了一种奇妙的酸，法国学者称它为副酒石酸。

所以酒石酸分为普通的酒石酸和副酒石酸两种，它所衍生的化合物也就有酒石酸盐和副酒石酸盐两类了。

分析酒石酸和副酒石酸，可以发现它们的成分是一样的，但是物理性质却不同。这是什么原因呢？很多学者研究这一问题，但都为找不出原因而感到困惑。以当时的知识来说，同样成分的物质，其化学和物理性质也该是一样的才对。

路易斯对于当时一流学者们都认为是烫手山芋的这一问题，决心想办法将其解决。

当阳光或电灯光等光束通过方解石结晶时，光会曲折而分成两道，所以一个电灯会看成两个。这分离的两道光都叫做偏光。以方解石组成的棱镜，使光束分为两道偏光，并消除其一，利用剩下的一道偏光以检查种种物质的称为偏光计。

将两个方解石棱镜，以某一角度放置，则偏光完全不能通过。在这个二棱镜之间放置酒石酸溶液时，偏光能通过些许；可是如将其中一棱镜稍向右旋转，则偏光又完全不能通过了。这样，酒石酸可使偏光面旋转的，我们就说它是活性的。

与此相反，副酒石酸全无此作用。换句话说，副酒石酸是非活性的，也就是不活性的。

结晶形状相同，且经分析所得之化学成分也完全一样的这两种物质，为什么会一个具有活性，一个具有不活性呢？这就是之前将这个问题称为"烫手山芋"的症结。

路易斯现在进行的研究，就是为了解决这个疑问。关于这个问题的研究，他早已从学生时代就着手进行了。

路易斯在学生时代，利用高等师范学校的图书馆，对酒石酸问题做了历史性调查，也读遍了有关的实验论文。尤其是德国一位知名学者的论文——《论述酒石酸和副酒石酸物理性的不同》，路易斯一遍遍地品读，终于背下来了。有一次路易斯在散步，他竟然将这篇论文一字不漏地背诵出来，这让好友夏布伊大为惊叹。

虽然路易斯在学生时代就已着手酒石酸的研究，但是其他要念的功课很多，所以他不能集中全部精力予以思考和研究。现在路易斯是研究室的助手，完全可以专注于自己的研究了，所以他一心扑在解决这个难题之上。

路易斯生来就很有耐性,他在仔细观察酒石酸结晶之后，发现了一流化学家们都没有观察到的一个小结晶面。将结晶转到某一方向时，此面就显现于右肩部位。现在我们暂时将这个结晶面称为小面。副酒石酸结晶却没有这个小面。

"就是因为这个原因，这样或许可以说明问题。"路易斯想，"酒石酸使偏光面右转，就因右肩部位有小面。而副酒石酸不使偏光面旋转，也就是不活性的，就是因为没有这种小面的关系。"

路易斯作了如此推测，然后再次检查酒石酸和副酒石酸。结果酒石酸确实有小面，但检查副酒石酸的结果，令他大失所望，因为副酒石酸也有小面。

不过有趣的是，副酒石酸的小面，有的位于右肩，有的位于左肩。于是，路易斯仔细地用镊子将副酒石酸的结晶中具有右肩小面的和具有左肩小面的分别挑开。

路易斯心想：如果把这两种结晶，分别用偏光计检查，会得到什么样的结果呢？小面在右肩的，同酒石酸一样，使偏光面右转；反之，小面在左肩的会使偏光面左转。副酒石酸不会使偏光面旋转，可能是因为含有等量的两种结晶。使偏光面往相反方向旋转的两种结晶混合的时候，会互相中和而使偏光面不旋转了。

路易斯决定用偏光计来检查，这样可以证实自己的推理正确与否。

如果正如路易斯所推论的，那这就是一大发现。至今仍未被了解的谜，岂不是马上就解决了吗？

路易斯满怀期待与兴奋，将小面位于右肩的副酒石酸溶液置入偏光计中，半带忧容地注视偏光计。正如他预料的，偏光面右转了，路易斯的脸色随之开朗起来。检视含有小面位于左肩的溶液，则见偏光面左转。接着，将二者等量混合的溶液检视，结果偏光面不旋转。

"我知道了！我知道了！这下我全知道了！"路易斯兴奋地大叫，他激动得心跳手颤，几乎没法再度检视偏光计。

一旦有了新发现，谁都会兴奋的。路易斯无法抑制兴奋，不断重复喊着"知道了"跳出研究室。他在走廊碰到了物理实验的助手，路易斯出其不意地抱住那位助手，嘴里仍然说着："知道了！知道了！"被抱的助手莫名其妙，大吃一惊地问："怎么了巴斯德先生？您知道什么了？"

"我发现了！我有新的发现了！"

"您到底发现什么了？"

"哦……对了，你听我说……"于是，路易斯带着惊讶的助手到卢森堡公园里，热诚地详细说明自己的发现。

让一流化学家都感到头疼的酒石酸与副酒石酸间性质上的差异，现在已经被破解了。对于年轻的路易斯来说，第一次工作就有这般成就，实在让人兴奋，那时候是 1848 年，他刚满 26 岁。

路易斯的这一发现为结晶化学奠定了坚实基础，之后发展出了一门名为"立体化学"的科学。只凭着这一发现，就能够让路易斯名垂科学史了。

告别恩师

路易斯的恩师巴拉尔，将路易斯的发现当作自己成就般地激动不已。

就在两年之前，路易斯刚从高等师范学校毕业之时，很赏识路易斯的才能，认为如果让他从事学问的研究，将来一定能够有所成就，并将其提拔为研究室助手的，不是别人，正是巴拉尔先生。

正如他所预料的，他心爱的学生完成了一件重大的研究工作，这也难怪巴拉尔自己也很得意呢！

巴拉尔在科学院的图书室里，向院士们得意地报告了路易斯新发现的经过与内容。

很早就在研究偏光问题的 74 岁老学者毕欧，带着怀疑的神色，细心倾听，最后他问："巴拉尔先生，那是真的吗？"

"当然是真的。"巴拉尔好像是自己的发现一般，断然地回答。

"这是真的吗？这个让人头疼的难题，一个刚从高等师范学校毕业的年轻人竟能将它解决，实在令人难以相信。"

"您怀疑这一发现吗？巴斯德先生虽然年龄不大，但他确实是优秀的学者，他的研究结果是没有错误的，这是近年来少见的大成就。"巴拉尔对路易斯的发现赞不绝口。

毕欧是个内向寡言的人，说了一句"嗯，我们该详细验证一下这个年轻人所得到的结果"之后，就沉默不语了。

路易斯马上通过巴拉尔先生得知了这一段谈话。那时候路易斯已经回到家乡阿尔布瓦，因为，母亲突然去世了。

母亲的去世，就是在路易斯有了新发现之后不久发生的。刚刚尝到作为科学家的乐趣，满怀希望，正准备开始新研究的路易斯，接到了阿尔布瓦来的消息说母亲因脑充血昏倒了。路易斯马上离开巴黎，当他回到阿尔布瓦时，母亲已经去世了。

路易斯悲痛万分，他看着母亲的遗体，不停地流泪，一时间一句话都讲不出来。

操持困难的生计，送他到高等师范学校读书的慈爱的母亲，竟然连面都没见上就离开了。孝顺的路易斯为之失魂落魄，什么都不想做，觉得自己的新发现好像没有任何意义，也不想回巴黎，呆呆地过了几个星期。

就在这时候，巴拉尔先生的信来了，信里谈到的是毕欧怀疑他的新发现。这封信顿时让路易斯像触电般地复苏，恢复了理智，他想："我要马上回巴黎拜访毕欧老师，请他确认我的研究结果。"

巴拉尔的信，吹散了路易斯的哀思，让他再度成为热情的学者。

路易斯对于完成了许多优秀研究的老学者毕欧，十分尊敬，二人还没有见过面。他想，无论如何也要拜会这位老学者，请他验证一下自己的发现，所以路易斯马上回到了巴黎。

路易斯写信给毕欧，请求会面。回信马上到了，信中说："我很高兴和你一起验证那个结果。"二人约定了见面的日期。

约定的那一天，路易斯去毕欧家拜访。毕欧马上拿来了副酒石酸，放在路易斯的面前。

"我之前曾很在意地研究过这些副酒石酸，对于偏光是完全不活性的。请以这些为原料，在我面前制造副酒石酸钾铵。任何必要的东西都会拿来给你。"从毕欧的神态和语气来看，他似乎对路易斯研究的结果仍然怀疑。

路易斯照他所说，做好了副酒石酸钾铵溶液。毕欧将溶液倒入蒸发皿后，拿到室内不易被人接触的一角放好。毕欧说："路易斯，这一化合物的结晶形成时，马上通知你再来。"接着就送别路易斯。

两天之后，蒸发皿中水分蒸发掉了，留下了大型的结晶，于是路易斯又被叫了去。

在毕欧面前，路易斯把结晶物一个一个地择取出来，并把小面在右肩的和在左肩的结晶分别放好。

"先生，您看，这边的结晶在右肩有小面，而这边的是在左肩。"路易斯两手各拿着一个结晶，将两者的差异指给毕欧看。

"原来是这样。你的意思是，你右手中的结晶使偏光面右转，而左手的左转？"毕欧追问着。

"是的。"路易斯回答。

"好吧，之后的我来做。"

毕欧将两种结晶分别做成溶液之后，把路易斯再次叫来，现在要进行最后的实验了。毕欧将该左转的溶液置于偏光计检视。的确，是向左旋转。

"路易斯，恭喜！这是美妙的发现！"老学者紧握着年轻的路易斯的手，激动地说，"我这一生都深爱着科学。所以你的这一新发现，让我兴奋得可以听到自己的心跳。"毕欧接着说，"这样的大发现，不能放着不管。你的研究报告，我要在科学院正式发表。"于是他联合巴拉尔和另外 3 名学者，将这一发现的研究报告向科学院提出。

对路易斯的研究结果，毕欧不但认为正确无误，而且表示深深的敬意。

专注的巴斯德

毕欧是一位顽固的学者，但是从这之后，他对年轻的路易斯开始不断全力援助。通过这件事就可以知道，毕欧对于路易斯的新发现是真的感动了。

对自己向来都尊敬的大学者的称赞，路易斯颇为感动，他决定与毕欧共同从事于新的研究。不过不巧的是，在这个时候，教育部下了一道命令，派路易斯出任图尔农中学的物理教师。

只要是高等师范学校的毕业生，必须要在中学教一次书，这是义务。之前路易斯经过巴拉尔和教育部交涉成为研究室助手，但是也不能免除这项义务。

路易斯和毕欧这两位老师虽然强烈反对这项指令，但是仍旧不能改变教育部的这一规定。

毕欧感到十分遗憾："与这位充满热情的青年一起研究的话，一定会有所成就。"抱着这种想法准备与路易斯作共同研究的他，必然是大失所望。

"他们应该任命你为大学的副教授。这样就算不能和你在一起共同研究，我也心满意足了。"毕欧叹着气说。他对于教育部的决定深为愤慨，因为路易斯已经通过大学教授资格考试，绝对可以胜任这一职务的。

路易斯告别了两位恩师，对于即将远离研究工作深感遗憾，他在 1848 年 11 月赶到图尔农报到。

认真的路易斯，绝不会由于不能从事喜好的研究工作而懈怠了中学教师的职务。当了中学教师之后，为了做个好老师，路易斯热诚努力地教导学生。

巴黎的两位恩师巴拉尔和毕欧，为了能够让路易斯继续从事研究工作，想尽了各种办法，四处奔走。所以，路易斯不久之后又被任命为斯特拉斯堡大学的副教授。

走上化学之路

迈入婚姻的殿堂

1849年1月15日，路易斯抵达斯特拉斯堡。

这个城市靠近德国边境，虽然远离巴黎和阿尔布瓦，但有一个叫贝尔丹的朋友在这里。

贝尔丹是路易斯在布山松中学时期的同学。他是比路易斯早两年以第一名考入高等师范学校的优秀人物，现在正担任斯特拉斯堡大学的物理教授。

迎接出任同一大学副教授的路易斯时，贝尔丹愉快地说："你今后在我家住下吧！我想你对我家会感到满意的，而且离学校也很近。"

正如贝尔丹所说，这是一个令人满意的家，路易斯一下就喜欢上了贝尔丹家。

贝尔丹对大学教务长罗兰说："路易斯是罕见的书虫，除了读书之外没什么其他的兴趣。"路易斯就这样被调侃般地作了介绍。

但是路易斯自从拜访了教务长罗兰之后，他突然对于读书之外的某一件事大为动心。

原来，罗兰教务长有位叫玛丽的女儿，路易斯对这位姑娘产生了好感。到达斯特拉斯堡仅 15 天之后的 2 月 1 日，路易斯就写了一封信给罗兰教务长。

罗兰教务长：

关于我对您的女儿玛丽的求婚，我准备近日正式地提出来，现在我把我的所有情况作一个介绍，供您参考，以决定承诺与否。

我的父亲在小镇阿尔布瓦经营鞣革业，家中有姐妹们帮忙家务。我的母亲不幸于去年 5 月逝世。

我们一家生活上还算宽裕，不过财产总数估计不过 5 万法郎而已。我决定将我以后能够继承的部分都分给我的姐妹们。这样说来，我应该说没有任何财产，我所持有的是：健康的身体、正直的精神以及大学里的职位。

我在两年前毕业于高等师范学校，拥有大学教授的资格，一年之前获取了博士学位。我曾经向科学院方面提出了几个研究报告，获得了好评，最近的一个报告，反响不错。在信的后边附上了该报告的复印本一份。

以上就是我的现况，至于将来会如何发展，这很难说，除非我的兴趣转变，我预定研究化学。将来我的目标是以研究化学的成果获得任教巴黎大学的机会。毕欧先生曾经表示过，想举荐我为科学院院士，我要强调的是，我很喜欢从事研究，但不是为了沽名钓誉而从事研究。

求婚的那天，家父准备亲自赶来参加。

路易斯的这种求婚方式让罗兰教务长吃了一惊。路易斯刚来斯特拉斯堡不久，罗兰教务长还没有完全了解路易斯到底是个什么样的人，现在突然接到求婚申请，当然没法马上答复，所以这件事拖了好几个星期。

这期间，路易斯又给罗兰妻子及玛丽小姐写信，坦诚地申述自己的期望。他一直担心着罗兰教务长的态度，几乎无法着手做研究。

如此不能沉住气，整个人飘浮似的过日子，这是路易斯生平第一次的经历。

"沉醉于研究工作的我竟然会这样！"路易斯禁不住在内心里嘲笑自己。

终于，父亲和妹妹约瑟芬来到了斯特拉斯堡，路易斯跟父亲一起去罗兰家拜访，正式求婚了。

罗兰教务长最终还是接受了，并定 5 月 29 日为路易斯和玛丽的结婚日。

路易斯如愿以偿，父亲也高高兴兴地回到了阿尔布瓦，妹妹约瑟芬决定留住到路易斯完婚，还可以帮哥哥的忙。

路易斯相信，这是他平生最感幸福的时刻。

走进研究生活

娶了一生中最爱的女子为妻的路易斯，重新走进了研究生活。

作为科学家的妻子，玛丽对丈夫的工作很感兴趣并且完全理解，她全心操持家务帮助丈夫，对丈夫的健康也很关心，所以路易斯能专心于自己的工作。

自从最初的惊人发现之后，路易斯继续从事于结晶化学的研究。只要到了暑假，他就携带研究报告到巴黎，呈给恩师毕欧鉴阅。

同为路易斯恩师的杜马和塞纳蒙，对他的成果也大为赏识，他们都说："你如果继续结晶化学方面的研究，定可成为一流的大学者。"

1852 年 8 月，照例前往巴黎的路易斯，听到了一个重要的消息。

由于路易斯的发现而出名的副酒石酸，现在还不能自行制造，所以研究结晶时，只能利用酿酒时偶尔产生的副酒石酸。这消息是说，德国的某一工业家能以新方法制得副酒石酸。这种化合物是怎样生成的，路易斯心存疑问，所以很注意这一消息。

"去德国看看吧！不，为了知道怎样制得副酒石酸，世界上的任何地方都该去的。"路易斯的脑海闪现出这个念头，他开始坐立不安了。他马上离开了巴黎，先到莱比锡，经德累斯顿、维也纳到布拉格，途中参观各地的副酒石酸制造工厂，也打听原料产地等，获得了不少有关的知识。他回到斯特拉斯堡，马上专心研究怎样以人工方法把酒石酸转制成为副酒石酸的实验。

巴黎的毕欧和塞纳蒙，对路易斯的新研究虽抱着很大的期待，但也不能确定能从酒石酸制成不论是结晶形态、光学性质以及化学性质都和天然副酒石酸一样的东西。

但路易斯竟然做到了。1853年6月的一天，他发电报给毕欧和塞纳蒙两位老师，报告了这一好消息。

对于这一成就，巴黎药学协会马上给他奖赏。因为该协会之前已经宣布将把奖金给予发明副酒石酸制造法的人。

路易斯还从副酒石酸制得中性酒石酸。普通酒石酸对偏光是活性的，而中性酒石酸却是不活性的。这样一来，路易斯发现了4种酒石酸的存在：右旋酒石酸，左旋酒石酸，左、右旋酒石酸等量混合而成的副酒石酸，以及不活性的中性酒石酸。

法国政府在这一研究发表之后，授予了勋章给路易斯。这件事让路易斯的父亲十分高兴。儿子的研究内容很深奥，做父亲的是不能了解的，可是从政府授勋这件事来看，想必儿子的研究确实非常有价值。

路易斯和玛丽结婚已经 4 年，其间生了两个孩子。幸福的家庭，使路易斯能心无旁骛地奋力研究，获得了所尊敬的老师们的赞许，一切都在向他微笑。

对路易斯来说这是无比幸福的时期，唯一的遗憾是，研究费用和实验设备有些不足。

幸亏他获得了巴黎药学协会的奖金，这样就能够补充实验设备，路易斯也可以继续有关结晶的研究工作。

转任母校

1854 年 9 月，在法国北部，靠近比利时国境的里尔市，新设立了一所理科大学，路易斯被任命为该校教授并兼总务长，除以教授身份讲授化学之外，路易斯还得以总务长的职权经营这一所新设的大学。

里尔是工业城市，为了鼓励厂家的子女多来就读理科大学，路易斯强调实验的重要性。他接着说，鼓励发明，光靠实验是不够的，还必须学习科学理论，他举了种种例子予以说明。

为了发展新大学，这位年轻总务长竭尽所能地努力着。他担任的化学课程，必须先有充分准备之后才开始，所以没多久，学生间好评如潮。

除了大学的经营和讲课之外，路易斯还有结晶的研究要做。

为了学生，任何时候他都不辞辛劳，有时还带学生到法国各地参观各种工厂。

1856年7月，路易斯跟学生一起到比利时作工业教学旅行。他怀着好奇心，到处询问请教，借实地参观以鼓起和促进学生的求知欲。

由于路易斯这般努力，年轻的里尔理科大学可与历史悠久的著名大学竞争了。教育部部长看到该大学办得如此成功，很是欣慰，并认为功劳该归于路易斯优异的教育才能。

1856年夏天，比利时旅行归来后不久，路易斯接受了一位名叫比戈的工业家的访问。比戈开口说："路易斯老师，我有事拜托您，不知能不能和您谈谈？"

"请说。"

"我是以甜菜为原料来制造酒精的，可是失败了，亏了大本。"

"那太糟了！是什么原因造成的呢？"

"原因我也不知道。我来拜访，就是想请路易斯老师找出失败的原因，请问您肯不肯一起调查那个原因呢？"

"好的，我正在想为工业界做些有益的事，同时也想把实际工作的成果传授给学生，我很高兴有这样的机会。"路易斯答应了之后，每天一有空，就到比戈先生的工厂去。

他们从显微镜看到的微生物中，有一类叫做酵母。酵母能将糖分解为酒精和二氧化碳，这种现象称为发酵。也就是说，糖经过发酵，可制出酒精。

这种现象对于当代来说，是任何人都知道的，但是在路易斯那个时代，对于发酵这一现象是怎样发生的一点都不了解。发酵是需要酵母这一件事是知道的，但是酵母到底有什么作用他们不知道。他们酿造葡萄酒或醋的时候，全靠经验，因此经常发生意想不到的失败。

路易斯在比戈先生来访的 4 个月前，在准备化学讲义的时候，曾经想过"发酵是什么"这一问题，他想是时候开始研究这一问题了。所以，他对于比戈先生提出的这一研究非常热心。

正在发酵的溶液中到底有什么东西呢？路易斯开始用显微镜仔细观察。

路易斯手头只有一架旧式显微镜以及一具要以无烟煤加热的简单的恒温槽而已。恒温槽是种容器，可使放置其内的物质处于所需的一定温度之下。由于"定温"的高低，而有种种形式。

路易斯像往常一样，耐心地用显微镜观察，终于发现了有趣的现象。

发酵情况良好，溶液中的微生物呈圆形；溶液开始变质时，微生物伸长了；溶液变酸之时，也就是说发酵失败时，微生物竟然伸得更长了。

他用这种简单的观察法来判断工厂内的发酵进行得好或不好，这使得酒精酿造失败的次数大为减少。

路易斯仍然继续发酵的研究，他用显微镜观察酸败了的牛乳，发现了短杆形微生物——乳酸菌。把含有乳酸菌的溶液加入新鲜牛乳，牛乳不久便腐败而有酸味。在乳酸发酵中，乳酸菌的作用类似酵母菌。同时路易斯又发现，当乳酸菌出芽增殖时，乳酸发酵就随着增进。

以前的学说，认为发酵现象与有机物或生物无关，路易斯的观察推翻了这种学说。

1857 年，路易斯转任母校高等师范学校教席。里尔大学校长，对于大学的发展有很大贡献的能干的总务长说："理科大学现在要失去一位第一流教授，同时也是学者的人了。"言下之意，对于路易斯的转任表示惋惜。

路易斯认为里尔大学已有相当的名声和地位，即使自己不在也会继续荣盛的。反观高等师范学校，却已今非昔比，经济上、学校事务、行政上以及优秀学生的培养等各方面都很不顺利。路易斯想："我必须挽救我的母校。我要尽可能努力，恢复高等师范学校往日的盛誉。"他被委以全权负责学校事务、行政，并兼任理科主任。

从里尔迁移到巴黎的路易斯，计划边从事学校的工作，边做发酵的研究，可他找不到适合做研究室的房子，学校方面也不肯帮忙。

不管环境如何恶劣，路易斯也不会灰心的。他不求人帮忙，自己动手把学校的一间阁楼改造成研究室。那个房门由于又低又窄小，没法使用而被学校弃置，与其说是房间不如说是洞穴。

但是，为了复兴母校，路易斯是决心做任何事情的。比如说，他的记事小册中就常写着校园要铺小石粒、改善教室的通风设备、修理餐厅门窗等。这种零零碎碎的事情，他都很注意。

在洞穴似的阁楼研究室中，路易斯最先做的，是有关酒精发酵的研究。

糖溶液保持适当温度，就会自然发酵，产生酒精、醋等。路易斯已经知道在发酵时，叫做酵母菌的微生物占有重要地位，因为他观察出酵母菌能够把糖分解为酒精和二氧化碳。

路易斯现在又发现，酒精发酵经常产生少量的甘油。换句话说，刚酿好的葡萄酒中，多多少少含有甘油。

紧接着，他又发现酒精发酵必会产生琥珀酸。

如此，一个接着一个，路易斯揭开了发酵上的各种谜团。

到了夏天，紧邻屋顶的研究室中，气温高达 36℃，简直难以忍耐。但是，路易斯没有半句怨言，仍努力实验。

1859 年这一整年，路易斯一直在思考着，发酵所不可缺的、微小到不用显微镜就看不到的酵母菌，到底是从哪里来的呢？

就在这一年的 9 月，阿尔布瓦家中，路易斯的长女患了伤寒不幸去世，路易斯悲恸欲绝，在给他父亲的信中，有如下一段话：

我每天都在想着女儿过去的种种，她是那么可爱、健康而幸福。也许再过一段日子，那个孩子就会成为我和玛丽的可爱宠儿……

原谅我提起了这些令人悲伤的事情，也让您感到伤感。但是，爸爸，神召有福的孩子，那个孩子是幸福的。我们该想想留下来的孩子们，尽力保护他们，使他们能免受世间的苦难。

就像信中说的，后来路易斯果然有了相当大的成就。他不但保护了自己的子女，也让全世界其他的孩子都能够免于许多染患疾病的困扰。

生物自然发生说

1860 年 1 月 30 日，路易斯获得科学院颁授实验生理学奖。有位著名的生理学家宣布颁奖理由说："巴斯德先生的酒精发酵、乳酸发酵以及有关酒石酸的发酵等研究，在科学界获得很高的评价。这种研究成果，在生理学上具有重大的意义。本院评审委员一致同意颁给巴斯德先生实验生理学奖。"

路易斯有关发酵的研究经过非常有趣。他发现了引起发酵的酵母，对其习性也作了观察，并且连带引发了一个疑问：

"这种微生物从什么地方来的呢?"为了继续探讨这一问题,他又着手进行生物自然发生说的研究。

生物自然发生说是一种学说,认为生物是自然发生的,这种说法,早在希腊时代就有了。例如,蛆是自己涌生出来的说法,自古以来,人们都深信不疑。

巴斯德肖像

17世纪初,有位意大利的医生怀疑这种说法,用实验证明蛆不是自然发生的,他的实验方法如下:两片大小和种类相同的肉片,将一片裸露,另一片盖上纱布。肉片腐败后不久,暴露的肉片有蛆出现,盖有纱布的肉片只是腐败而没有蛆。也就是说,蝇受肉香引诱而产下了卵,但是产在纱布上的卵,因养分不足,长不出蛆。

因此,蛆是蝇卵长成的事实已经明白了,认为生物是自然地发生的学说势必被否定。可是,17世纪末,显微镜发明之后,这一学说又盛行起来了。

用显微镜观察取自水洼处的一滴水,可见到其中有多得令人惊异的小生物在游动。这些小的生物,究竟是从哪里来的呢?一定是自然发生的,许多人都这么认为。

与蛆的情形不同,这些以显微镜才能见到的微小生物的问题麻烦多了。热闹而激烈的争论虽也发生过，但是没有确实的证据足以支持或推翻这一学说，因此，问题一直悬而未决。

法国学者普歇，在做了种种实验之后，于 1858 年 12 月发表论文，断言"生物自然发生是可能的"。

路易斯把这一篇论文读了又读，在有疑问的地方画了红线，决定自己来做实验确定问题的根本。

恩师毕欧知道了路易斯要研究自然发生说，想劝阻他，要他取消这个计划。毕欧说："路易斯，生物是否自然地发生，是个不可能解决的问题，你为什么想要研究这样的问题呢？"

路易斯回答说："因为和我至今仍在研究的发酵问题有密切的关系。引起发酵的是叫做酵母菌的微生物，我很想知道它是从哪里来的。如果能够彻底解决自然发生说这一问题，那么我的发酵方面的研究就可以顺利进行。所以，这个研究对我是绝对必要的。"

确实是这样，这不是能够简单解决的问题，或许连确实的证据都抓不到。路易斯很感谢老师毕欧的忠告，但是仍不想取消这一计划。因为如果问题解决了，自己的研究就可大为开展。

毕欧很为他担心，总想让他打消这种念头，就将此事转告了路易斯的另一位老师杜马。杜马也说："我也不赞成他花长久的时间在这样的问题上。"

另一位老师塞纳蒙听到了这件事，他深信路易斯的才能，所以对毕欧和杜马说："路易斯向来都耐心研究一些看来没法解决的问题，结果都解决了。说不定这一问题也能被他解决，何不让他去试一试呢？"

路易斯又要从事新的研究了。他将研究室从小阁楼转移到校门口守卫室旁边的小建筑物里面。

新研究室仍很简陋，但远比小阁楼宽大，路易斯很欢喜。而且，他有了一名年轻助手，名叫裘尔·罗兰，既健朗又聪明。裘尔·罗兰是高等师范学校的毕业生，他是第一个进入路易斯研究室当助手的人。

开始新研究的路易斯想："如果微生物的孢子是飘浮在空气中，能否把它过滤取下来呢？"

他将试管的棉花塞子弄松，使空气能进到管内，结果棉花塞子附上了许多灰尘似的东西。路易斯将棉花塞取下，用显微镜仔细观察，发现除了有许多微细的泥沙以外，还有各种孢子。

"我们可下结论说，空气中必定有这样的孢子，这些孢子落入易腐溶液中，就会出芽繁殖，而使溶液腐败。"路易斯想完这些之后，将附有尘埃的小片棉花放进易腐溶液中实验，结果溶液腐败了。

经过一年的研究，他终于得到如下的结论："空气中飘浮的东西，除了孢子，都不具有形成生命的条件。"这也就是说，即使用显微镜才能见到的微生物，也不是自然地发生，而是由飘浮在空气中的小小的孢子长成的。

自然发生论者普歇，反对这一结论，极力辩护自己的学说。他说："孢子会来自空气中，是不能想象的事情。"

于是，路易斯与普歇之间，对于生物自然发生论，展开了激烈的争辩。

理论得到证明

路易斯对于自己否定自然发生论的思想始终确信不疑，为了获得明确的证据，他继续从事实验。

他为了新的实验，特地设计了一种玻璃烧瓶，那就是绰号"天鹅脖子"的曲颈瓶。这是一种玻璃圆球顶突出一个长管，管形如 S 字横写，管的先端有开口的烧瓶。

路易斯将易腐溶液倒入球形瓶中，将球形瓶顶端的瓶颈置于高热火焰中，然后把烧灼得通红的瓶头拉长成横写的 S 形，这样一来，短而略粗的瓶颈就变成细长弯曲的"天鹅脖子"了。接着他把曲颈瓶放在火上，煮沸其中的易腐溶液，这样溶液中微生物就全部死亡了。

煮的时候，水蒸气通过曲颈向外溢出。煮沸一段时间后，将曲颈瓶下的火移开，但不要移动曲颈瓶，让它自然冷却，不久，瓶外的空气反向瓶内徐徐流入，因为空气流动得很慢，所以当空气流经曲颈向下低弯的部分时，空气中的孢子和灰尘就沉降下来而附于管壁内。随后，空气继续流入瓶内，而和液面接触。

通过上面所说的这种程序处理过的任何易腐溶液，都决不腐败。如果想让它腐败，可以摇荡曲颈瓶，或将瓶颈倾斜，使液面接触到落有孢子和灰尘的曲颈低弯部分也可以。

这是很简单却非常巧妙的实验。路易斯根据这个实验发表了如下的结论："生物自然发生的事情是绝不会有的。如果生物是自然发生的话，那么不论在任何情况下，都该会发生。但是，容易腐败的溶液如果不接触到孢子，就不会腐败。只要是腐败现象，都是因微生物的活动使东西分解而发生的。不接触孢子就不腐败的现象，显示没有孢子就不会产生微生物。这就是说，微生物是由空气中的孢子生成的。任何生物，没有亲代就不能衍生。所以我可以断言，生物的自然发生说，绝对是错误的。"

普歇仍旧不服，他反驳说："煮沸曲颈瓶溶液后，静止冷却时，反流入瓶内的空气中，你认为有孢子，而我认为空气中本就没有你所谓的孢子，你该怎么证明这个问题？"

这个疑问是合理的，怎样证明反流入瓶内的空气中一定有孢子存在呢？经过反复深入的思考，路易斯想到一个问题："可能由于场地的不同，空气中所含的孢子或多、或少、或甚至没有。"于是他又开始做新的实验。

就像上一次的实验一样，他将酵母溶液倒入球形瓶中，再将顶端瓶颈置于高温火焰内灼红，然后往下拉成倒 U 字形，管口向下。接着把酵母溶液煮沸，当溶液仍在滚沸时，就用火熔封管口。路易斯像这样做了很多烧瓶，以备实验之用。

根据路易斯的理论，像这样封闭的酵母液，不论放置多久，应该不腐败的。事实证明，这些酵母液存放于阿尔布瓦他的家中，以后经数十年确实没有腐败。

如果将瓶颈锉开，由于瓶内几无空气（因煮沸之后，瓶内空气外溢），所以含有尘埃（孢子）的外界空气就急速流入瓶内。接着用高温火焰再封闭瓶口，将它放入恒温槽，保持在25℃～30℃之间，于是，进入瓶内的孢子发芽而使溶液腐败了。

路易斯带了备用的瓶子，到各种场地去实验，结果发现瓶内酵母液，有的会腐败，有的不会，确实是因地区而异。

他去往巴黎的天文台，选择了两个地方。一个地方是在贮放重要设备的地下室，打开了10瓶，只有1瓶腐败；一个地方是在庭院，打开11瓶，全都腐败了。

学校放暑假时，路易斯带了73瓶回故乡阿尔布瓦，实验了其中的20瓶，结果8瓶腐败了。

路易斯再去往沙兰，爬到海拔850米的山顶，打开了20瓶，腐败的仅5瓶。他想："腐败的瓶数，此地比阿尔布瓦少了3瓶。可能是空气较阿尔布瓦的新鲜清洁，而孢子数量较少的缘故，越高的地方，孢子可能就越少。"

为了证明这项推论，他去往阿尔卑斯山。路易斯找了一头骡子背着装了30瓶酵母液的箱子，路易斯跟在骡子的后面，小心照顾着贵重的行李，往山上爬。到达阿尔卑斯山的大冰河后,路易斯花费了很多精力,小心处理了 20 瓶。结果,腐败的只有 1 瓶而已。

1860 年 11 月,路易斯向科学院提交了如下报告:"我将迄今实验所得结果加以比较对照,确信浸出液中生物发生的原因,是空气中飘浮的灰尘。"

在路易斯旅行各地做实验的同一时期,普歇也去往意大利的西西里岛,在山上或海上做了实验。结果,普歇公布了如下结论:"含尘多的都市空气也好,极为清净的海上或山上的空气也好,都发生了生物。任何地方的空气,都同样地使生物自然发生。"

关注这一争论的人们,大多认为普歇的学说是正确的。例如,某报的科学栏写了如下的评论:"巴斯德先生,想必你所做的实验会反证你自己的学说。你所主张的事,想来是不可能有的。"

为了解决这一争论,经过两人的同意,法国科学院组成裁判委员会。1864 年 6 月 21 日,两人到科学院做公开辩论。路易斯在委员会中,除了口头说明,并当场做实验。普歇只是在一边观察了路易斯的实验,提出一些反驳诘问而已,并没做实验。

结果,该委员会一致认为路易斯的学说正确,并颁奖给他。科学院的一位元老是生理学家,他当场宣布:"巴斯德先生的实验是决定性的,如果生物是自然发生的话,那么获得代生物的必要条件是什么呢?是空气和腐败性溶液。巴斯德先生证明了必须使空气和腐败性溶液在一起才会发生生物。所以，生物不是自然发生的，没有充分理解的人，才会继续怀疑巴斯德先生的实验。"

路易斯终于击破生物自然发生说，揭晓了"生物来自亲代的生物"的现象。

后来的科学家发现，普歇实验时所用的枯草浸出液中所含的枯草菌，耐热性很强，即使是用100℃高温烧煮，也不容易杀死。所以，普歇实验的结果，浸出液总是腐败，导致他得出了错误的结论。

路易斯"生物来自生物"的结论是说，种瓜得瓜，种豆得豆。人是生物，猴子也是生物，但人不会生猴子，猴子也不会生人。

但是，路易斯却没有解决一个问题："世界上的第一个生物是怎样来的呢？"这也许就是路易斯的老师们不赞成他研究自然发生论的原因吧！

为人师表

身为高等师范学校理科主任的路易斯，除了研究工作以外，还要从事发展校务以及讲授化学课的工作。在他接二连三地进行一次又一次的新实验的同时，他并不疏忽实验以外的工作，仍然完善地执行理科主任的职责。

高等师范学校的毕业生，有担任中学教师的义务。但是，为了鼓励有意从事学术研究的学生，路易斯设立了"教授资格助手"的职位。这使得通过教授资格考试的毕业生，有了能够被任命为助手，留在高等师范学校内继续研究的机会。

路易斯回想到自己从高等师范学校毕业的时候，抱有继续从事研究的热忱，结果却不能顺利实现这一愿望，于是他便设立了这个新的制度。

路易斯为了毕业生，又计划出版名为《高等师范学校理科年报》的论文集。

毕业生即使做了优秀出色的研究工作，如果没有机会发表论文，也很可能就此埋没了。《高等师范学校理科年报》就是被设想成为发表研究成果的公开园地。在偏僻地方的中学任教的毕业生，都昂首期待着《高等师范学校理科年报》的创刊。

路易斯对学生，不仅是讲授化学课程，也注意培养他们对学问的兴趣，并给他们指出毕业后的光明前途。路易斯不但是具有杰出才华的科学家，也是慈爱卓越的教育家。

由于路易斯的热心奔走，《高等师范学校理科年报》于1864年6月出版发行了。

比这早两年的1862年12月，路易斯当选为法国科学院的院士。让他成为科学院院士，是他恩师毕欧长期以来的愿望。不过让人倍感遗憾的是，这位恩师却在当年的2

月与世长辞了！

葡萄酒腐败的原因

1864年，路易斯被邀请到故乡阿尔布瓦镇，调查葡萄酒腐败的原因。

阿尔布瓦是葡萄酒的著名产地。镇里的酿造业者，正因为酿造中的葡萄酒在桶内酸败的事情层出不穷而大为困惑，所以联名请求路易斯调查原因，他们将提供研究所需的费用。

路易斯立刻同意接受了这项工作，但他却拒绝收受研究费。因为研究的结果怎么样，还不得而知。

那个年代，酿造中的葡萄酒，变得酸酸、黏黏的或苦苦的，以致失败的事情时有发生。这种葡萄酒的病被称为异常发酵，路易斯对异常发酵极感兴趣，早在1863年他就开始研究了。他认为葡萄酒的异常发酵，很可能是某种微生物引起的，是微生物的孢子落入葡萄酒中，生长繁殖的结果。于是，路易斯用显微镜仔细观察，所得的结论是：葡萄酒的腐败，确实与一种奇怪的微生物的存在、繁殖有关。

既然阿尔布瓦镇诚恳邀请，路易斯就利用暑假回到阿尔布瓦。

预定做实验用的地方，是在小镇入口的一家老咖啡店。之前，穿行于街道的农夫、马车夫和旅客等经常到店里休息饮食，现在已经没什么客人，店已停业，成为空房子了。

路易斯和助手们一起到那里，把必要的研究设备安排妥当。这些装备，都是委托阿尔布瓦镇内的木匠、钣金师、铁匠等制造的，既粗糙又难看。

看到路易斯的实验设备的镇民们，都显出一副失望的神情。他们小声交谈着，开始议论路易斯和助手们。

路易斯所凭借的有力"武器"是一架显微镜。对路易斯来说，显微镜是最值得信赖的"武器"。他借着显微镜研究，知道葡萄酒的腐败，是由于一种莫名的微生物在酒内繁殖所引起的。保持葡萄酒不致腐败，只要不让"坏"孢子繁殖就可以了。但是该怎样做呢？这是个很棘手的问题。

当然，不让"坏"孢子进入葡萄酒内就可以了，但是要消除肉眼看不到的微生物却很困难。

为了这个，路易斯做了种种试验性的实验，终于得出一个事实。那就是葡萄酒桶以及其他用具都必须洗涤干净，将酿成的葡萄酒保持于50℃~60℃的温度下，经过一段时间，"坏"孢子就会死亡。将葡萄酒加热以防腐败的方法称为巴氏消毒法，也可以适用于鲜奶、啤酒等其他食品，至今在世界各地仍广泛应用着。

路易斯的新发现，对发酵学有极大的贡献，同时也带给法国全国很大的利益。

当时，法国向英国输出大量的葡萄酒，可赚不少钱。如果酒质酸败，不仅业者血本无归，整个国家财政也将要蒙受损失。由于路易斯找出了方法，葡萄酒可以顺利酿造，源源输出，为法国带来了巨大的利益。

随后，路易斯仍然继续发酵的研究，着手葡萄酒为什么会酸、马铃薯可制酒精、酒精为什么会变成醋等问题。

对于酒精变醋，他认为与醋酸菌有关。醋酸菌体积极小，中间凹入，呈念珠状相连。将醋酸菌放入酒精中会产生醋酸。路易斯用实验证明醋酸菌为了维持自己的生活和繁殖，从空气中吸收氧气而与酒精化合，将酒精变成醋，这是它的呼吸作用的一种产物。

醋酸菌的耐热性弱，加热到50℃就会死亡。所以，含有醋酸菌的葡萄酒只要加热到50℃，就不会变酸了。

制醋的时候，应该使醋酸菌能好好地生活，而霉菌会妨碍它的生活。霉菌在生活与繁殖的时候，需要空气，制醋的醋酸菌也需空气，因此，霉菌和醋酸菌之间发生激烈的生存竞争。如果醋酸菌胜了，醋的制造就顺利；如果霉菌胜了，醋就会腐败。

路易斯为了帮助有困难的人，从事酒精发酵的研究。研究过程中发明的防腐法——低温处理法，他并没有申请专利，只是公开了方法，使任何人都可以采用。

蚕病的研究

当路易斯研究葡萄酒，发表令人兴奋的研究结果的时候，一种称为小黑斑病的蚕病正在流行，这使得法国南部地区的养蚕业受到很大的损害。贫穷困苦的养蚕业者，请求政府研究对策以消除小黑斑病。

对法国来说，这是全国性的大问题，于是政府与路易斯的恩师杜马商量。杜马的家乡阿拉斯是养蚕业很兴盛的市镇，正被小黑斑病困扰着，所以他也正想解决这个问题。

"就让路易斯做吧！"杜马认为，研究这一类问题，没有比路易斯更适合的科学家了。他只要看到很多人陷于困境，为了救人，他必定会以不屈不挠的精神来研究的。除路易斯外，没有更合适的人了。杜马于是决定把蚕病的研究委托给路易斯。

路易斯对于这项意外的委托，感到很困惑。因为路易斯从没见过蚕，心想事情也许会有些棘手。

路易斯在前往阿拉斯以前，拜访了一位著名的昆虫学家。

路易斯除了请教这位昆虫学家之外，又读了有关于蚕的各种书籍，在他有了充分的准备之后，才向阿拉斯出发。

小黑斑病见于蚕卵、蚕身以及蛾身上，特征好像撒散的胡椒一样，出现点点的黑色微小斑点。病蚕多半在结茧之前就死掉了。

独自前往阿拉斯的路易斯，曾经访问了好几户养蚕人家，询问病因，所得的回答只是："不知道是怎么得病的，感觉像霍乱或鼠疫一样蔓延得很快。"

这种疾病，简直让人无从下手。这些养蚕业者，分别用各种方法去实验，有的把硫黄和木炭粉撒在蚕身上，有的认为胡椒和砂糖比较有效，有的用灰和煤屑覆盖着，还有将葡萄酒或朗姆酒撒在桑叶后喂蚕等。但是结果都是："任何方法都防不了小黑斑病，对小黑斑病实在没法阻止。"大家似乎都无奈了。

路易斯认为一定有什么方法可以防止小黑斑病的。要找出防治方法，得先找出让蚕生斑点的原因。

于是路易斯坐镇于阿拉斯附近的一个小养蚕场，凭借他唯一的"武器"——显微镜，开始观察蚕身上的斑点。但是，在到达阿拉斯后的第九天，他不得不中止实验了。

路易斯接到阿尔布瓦来的电报："父病危。"他忧心忡忡，马上离开阿拉斯，赶返阿尔布瓦，在途中似乎有一种不祥的预感。果然，路易斯的预感不幸被料中了。

路易斯见到已经快要不行了的父亲，潸然泪下。上一次，当路易斯的母亲去世时，他因为悲伤过度，好几个星期什么事都不做，而呆呆地度过。这一次他却马上返回阿拉斯，又开始研究小黑斑病。想到许多人正为蚕病而苦恼，他怎能长期陷溺于悲哀之中？他要尽全力为人们服务，用来祭奠亡父在天之灵。

路易斯用显微镜检查，看来没有斑点像是健康的蚕，变成蛾后有的会生小黑斑病；而病蛾所生的蚕里面，有的却不出现斑点。这使路易斯想到一个问题："到底在蚕的哪个时期，小黑斑病的病症表现得最为清楚呢？"调查的结果是，在茧变成蛹的时候，病症出现得最为清楚。

小黑斑病在蛹期发作，并延移到蛾。路易斯根据仔细观察所得到的事实，心想："有小黑斑的蛾所生的卵，全患小黑斑病。带有很少很少的小黑斑的蛾，所生的卵孵化成的蚕，虽也有患小黑斑病的，但数量稀少。带有很多小黑斑的蛾，所生的卵即使孵化成蚕，可是在第一龄（孵化后到第一次脱皮）就有病发的症状，终归要失败的。"

路易斯认为这种现象类似肺结核病在人类中传布的现象。"让肺结核病患者所生的子女一起生活，这些孩子虽能成长，可是一定多多少少都带有结核病，只是有的病发得早，有的病发得晚，有的病得重，有的病得轻。蚕群中，小黑斑病的传布情形，可以说与人类肺结核病大体上是一样的。"他想以实验来证实自己的想法是否正确。

路易斯的研究方法是：先用显微镜观察事实，根据事实推想出一个合理的假说，再依假说设计实验，最后用实验的结果下结论。

路易斯用显微镜仔细小心地检查了数百只蛾。大多数的蛾患有小黑斑病，但也有几只蛾是健康的。他把蛾分为健康组和疾病组，分开放置，使其产卵，然后于第二年再比较两组卵孵化成的蚕有何异同。

阿拉斯镇民完全不相信路易斯，还没等到实验有结果，便开始说路易斯的坏话了。这是因为路易斯迄今一直是从事于化学的研究，有关生物方面的研究这是第一次。

人们都说："如此重要的问题，不请养蚕专家或动物学家来解决，偏偏让一个化学家过来糊弄我们，政府到底是什么意思？"

路易斯听到了这些话没有在意，他对自己的研究很有信心，他先将实验留到第二年，自己先返回巴黎。

遭受重重打击

路易斯返回巴黎，还有一件令他伤心欲绝的事情等着他。两年前出生的最小的女儿卡米耶患了重病。路易斯虽然不分昼夜地小心看护，可还是没有办法挽救她的生命，终于在1865年9月，两岁的卡米耶去世了。

3个月前敬爱的父亲去世，现在又失去了可爱的幼女。

可是路易斯的不幸，不是仅此而已。第三个噩耗又将接踵而至。那是第二年即1866年的事。

为了小黑斑病的研究，路易斯带了两位助手，他们2月初前往阿拉斯。

路易斯的妻子玛丽在一个月之后，和两个女儿一起，离开巴黎前往阿拉斯。没想到，旅途中在尚贝里市，女儿塞西尔得了伤寒病。路易斯的妻子玛丽决定暂时停留在尚贝里市，先替塞西尔治病，并写信给在阿拉斯的丈夫，通知女儿生病了，她不想耽误丈夫的重要研究，所以并没打算让丈夫来看她们。

接到信的路易斯吓了一跳，很担忧女儿的安危。虽然每天都有通信，但是女儿的病况究竟如何，他放心不下。路易斯害怕塞西尔的情况会很糟糕，会像卡米耶一样无救。他又开始坐立不安，很想赶到尚贝里去看个究竟，但是又怎么能放下这么重要的研究呢？一边是工作的义务，另一边是对女儿的关怀，这让路易斯苦恼不已。助手们看着不忍心，说道："老师，去尚贝里看看吧。"

路易斯回答说："我也很想去，但是怕耽误了这一重要的研究。"

助手们继续劝说："但是如果小姐有什么事就不好了，您得亲自去看看才能安心呀。"

路易斯终于决定将研究搁置两三天。

路易斯匆匆赶到尚贝里，塞西尔看来似乎比料想的要好，见到了父亲喜笑颜开。

路易斯抱着"可怕的病也许不久就会好"的渺茫的希望，在3天之后回到阿拉斯。

可惜的是，女儿塞西尔仍然没能保住生命。到了5月，她的病况急转直下，12岁的塞西尔去世了。

从去年的6月算起，不到一年的时间，路易斯失去了父亲和两个女儿。大女儿也早在7年前就去世了。

路易斯是个很爱家人的人，现在遭受重重的打击，他心头的沉痛与悲哀，不是常人所能想象的。运送塞西尔遗体到阿尔布瓦的路易斯，神情中充满了哀痛。

为了抚慰创伤的心灵，路易斯除了研究以外没有其他办法。他一回到阿拉斯，就马上恢复研究工作，他对研究的热忱，越来越旺盛了。

实验计划堆积如山，实验以外，还有很多其他的工作。比如说，发表过的有关小黑斑病的许多论文当中，只要是认为稍有价值的就必须要看。除此之外，许多人的来信，也得一一回复。虽然事情很多，但路易斯却有条不紊一个个地予以处理。

很多实验的结果都明显表示，小黑斑病会传染也会遗传。

将含有小黑斑菌的溶液涂在桑叶上，然后拿去喂蚕，就会使它患上小黑斑病。这就充分证明了小黑斑病会传染。

检查去年健康组卵孵化成的蚕和疾病组卵孵化成的蚕，结果正如所料，此病会遗传。

通过实验结果，路易斯做了结论：要防止小黑斑引起的疾病的发生，应该收集未患小黑斑病的蛾所生的卵，放在不会接触到小黑斑的地方饲养。

不过，这还不是最后的结论。要找出具体的预防方法为时过早。路易斯所做过的实验还不够充分，也还没能得到决定性的证据。

"这回要准备更多的蚕卵，以便能够支持我明年做的决定性的实验。"路易斯安静地想着。他在写给好友夏布伊的信里也说："为了确实证明已完成的研究结果，还得再等待一年。没有比这种研究更烦人的事情了！"一年之中，只有短短的养蚕期才能从事研究工作，这让路易斯感觉很不耐烦。

继续与病魔斗争

寻找突破口

在等待养蚕期的这段时间，路易斯遭受了许多人的强烈攻击，多数是不负责任而且充满敌意的。

我们都知道，当我们批评某一位学者的时候，应当针对其研究方法及结果，列举其错误而提出检讨才对，如果一开始就否定研究的可能性，并持不予信任的批评态度，明显是一种含有敌意的人身攻击。

路易斯的恩师杜马，怕路易斯沉不住气，就马上鼓励路易斯说："我相信，只有你才能解决这个问题。不久的将来，你一定会成为养蚕业者的大恩人。"他又诚恳地忠告说："为了完成你的研究，请听我的话，不必理会那些向你挑战的人，只管向你的目标前进。只要对自己的研究具有信心，那么又何必计较眼前的那些不值得重视的评语呢？"

为了不负恩师的期望，路易斯听从了杜马的劝告，重新振奋起精神，孜孜不倦地研究，将那些恶意中伤的人和话，抛之脑后。

1867 年的 1 月，路易斯又和两个学生赶往阿拉斯。他的妻子玛丽和女儿玛丽也随同前往。

路易斯在去年大体上已经弄清楚了小黑斑病会遗传和传染，而这一年的研究，终于获得了确凿的证据。

正如路易斯的预料，所有的蚕都走上既定的命运之路。患有小黑斑病的蛾所产的卵，孵化成蚕以后，都患了小黑斑病，一个接着一个死掉了。健全蛾所生的卵孵化的蚕，都健康而很有生气地嚼食桑叶。所以，小黑斑病会遗传的事实，已经确定无疑了。

如果健全的蚕曾经从病蚕身上爬过，或者是吃了沾有病蚕排泄物的桑叶，也都会患上小黑斑病而死亡。这可以证明，小黑斑病是会传染的。

"小黑斑病的问题，就快要解决了。"路易斯想，"要预防这一可怕的病，应该把病蛾生下的卵全部毁弃，一个也不能留下来。如让病卵孵化成蚕，那么这些蚕不但会生小黑斑病，也会把病传染给健康卵孵出的蚕。"

正当他的研究成果即将完成，而在寻找小黑斑病对策的时候，发生了一件意料不到的事情。

健全卵孵出的蚕，平均分成 16 组饲养。各组蚕，健康情形一直都很好。没想到，第十六组的蚕几乎死光了。这些蚕一死就变黑，而且很快地腐败，尸身变得软软胀胀的。

路易斯突然感到了前所未有的失望。

但那不是小黑斑病。路易斯用显微镜检查，也没看到小黑斑。查阅蚕病书籍，才知道那是另一种疾病，叫做软化病。

蚕病中危害最大的还是小黑斑病。虽然说路易斯为了软化病还得把研究持续下去，但研究小黑斑病的目的算是达成了，因为他已找出了防治小黑斑病的对策。

小黑斑病的预防方法，简单得很。破茧而出的蛾，待其雌雄交尾后，就将雌蛾放在方形布上，让它产卵，最后把布折覆，包住雌蛾，用大头针穿过布与蛾翅而密封成袋，到了秋天或冬天，取出里面的死蛾，放在乳钵中，放入水研磨。研细后取其汁液一滴，放在显微镜下检查，如果发现有小黑斑，就将这一块附有病卵的布烧毁。

如此重复不断地进行，选留好卵，烧弃病卵，就可以逐渐消灭小黑斑病。

路易斯发明的这一预防方法，以后虽稍经改良，但基本上没什么大的改变，被世界各国所采用。

在许多国家，此法现仍被采用。不过，做显微镜检查时，蛾的研磨液中含有脂肪，会妨碍观察，所以很多人都在研磨液中加入酒精来溶解脂肪。

路易斯终于发明了这一个有效预防方法，但是发表时，它的价值并没获得确认，许多人并没有实际去试一试，只是嘴上不断反对。

不但是养蚕业者，就是学者也有人反对他的预防方法。路易斯对于这些恶意的批评，本想辩驳，但是想起杜马的忠告，也就淡然置之了。

"事实可以证明一切，与其做无益的争论，不如让人看看一两年之后的成果。"他这样想了之后，就把 10 架显微镜分别放在镇内各处。他对镇民宣布说："我的预防方法对或者是错，请实际实验一下。由于这种检查，我相信养蚕业一定会再度兴盛的。"

事实证明，第二年 3 月路易斯再到阿拉斯时，那些按照他的预防方法实行的业者都获得了理想的成效。路易斯感到无限的欣慰。

这样，就清楚地证明了路易斯的预防方法完全正确。

小黑斑病已被征服，现在该轮到软化病的研究了。随后路易斯也发明了软化病的预防方法，这个方法和小黑斑病预防方法一样，是小孩子也能做的极简单的方法。

路易斯对蚕病的研究，至此已经完全成功，对于困扰了许多人的蚕病，已建立了完善的对策。

医院里的论文

1868 年 10 月 19 日上午，路易斯忽然有一种莫名的身体不适，左半身好像有蚂蚁在爬着似的，有种瘙痒的感觉，所以他吃完早饭之后没有工作，躺到床上睡到下午 2 点半。起床后他准备去科学院。

"可以出去了吗？"妻子担心地问。

"没事，比刚才好多了。"

"今天我想你还是别出去的好。"妻子劝阻他，但是路易斯不听。

"今天的会议，一定要出席，要介绍和我的研究有关的重要论文。"所谓重要的论文，是意大利学者萨林贝尼刚发表的，他想介绍给科学院。

萨林贝尼研究了路易斯有关蚕病的实验结果，认为"想要预防小黑斑病，应该采用巴氏方法。复兴养蚕业的有效对策，终于经由法国学者路易斯的努力而获得成果"。

路易斯很高兴自己的研究结果，获得外国学者的证实和支持。现在反对他的研究的人还是很多，所以他认为有必要把这篇论文介绍给科学院。

路易斯在会议中宣读了萨林贝尼的论文，声音并没什么异常，他一直留在会场，当会议完毕就和巴拉尔一起回到家里。

晚饭路易斯只吃了一点点，9点就睡觉了。但是等他一到床上，那讨厌的蚁爬的感觉再度袭来，他本想呼叫妻子，可喊不出声音。如此痛苦了一会儿，他好不容易地叫来了家人，妻子赶紧去请医生。

原来是脑溢血，路易斯的左半身逐渐不能运动。由于症状与普通的脑溢血有些不同，这使得医生在治疗时感到很困惑。

第二天晚上10点，路易斯呻吟着说："我的手好重，像铅一样地重。啊，恨不得割掉这只手。"半夜2点，病情似乎更为恶化，他面无血色，眼窝深陷，好像就要断气的样子。

妻子以为没有希望了，幸好，过了一会儿他度过了这一危机。

路易斯的学生们纷纷自动请求要来看护路易斯，他们每天轮流守夜看护。

有一晚，只有学生裘尔纳一个人在路易斯身旁的时候，他突然说："裘尔纳，拜托你……"

"什么事？"

"我想发表在阿拉斯做的实验的结果，请把我说的话记录下来吧。"裘尔纳吃了一惊，赶忙说："老师，您生病到今天才 8 天，还是不要用脑伤神，请多休息。"

"我想快一点发表，只是说说话而已，病不会变坏吧！请替我用笔记记录下来，明天就把笔记送到杜马老师那里去。"

裘尔纳不管怎么劝都没有用，他只好准备笔记。

路易斯将软化病的实验，清楚正确地说出来。由于一字一句都极为精确清晰，这使得做笔记的裘尔纳大为惊叹。

第二天，裘尔纳将这一篇论文送到杜马那里，杜马看了之后也大为惊讶。

找到预防的方法

到了 12 月，路易斯终于可以起床了。

他才 45 岁，这位正值盛年的学者，一旦恢复了健康，立刻待不住了。

蚕病的对策虽然已经设计完成，但是反对预防方法而不采用的人，还有很多。路易斯认为，应该做大规模的实验，让反对的人们认识到预防方法是完美无缺的才行。

在可怕的病发作之后第三个月的 1 月 18 日，路易斯向法国南部进发。随行的有妻女和学生。他的左手左脚虽然不算灵活，但还是出发了。

从巴黎赶往阿拉斯的旅途中，他躺在火车的特别室内。到达阿拉斯后改乘马车前往 30 千米外的一个村庄。

路易斯在村里租下房子。有一次他练习走路的时候，被路面的石块绊倒，不方便的左半身撞着地面，导致病情恢复得很慢，短期内必须要求绝对安静。

幸而没有骨折，只是跌伤了而已，治疗这次外伤，又花了 3 个星期。

由于半身不遂还没有痊愈，他的行动仍不灵活，不能做实验工作。

这时候，法国南部最大的市镇的一个丝绸协会，调查了路易斯的蚕病预防方法的实施结果后，发表声明说："本协会认为小黑斑病的显微镜检查确有帮助，但不能断言该预防方法绝对有效。"

对于这些心存疑虑的人们，要怎样使他们更加深入地认识该法的成效呢？

路易斯将数种蚕的种袋——内有蚕卵的布袋，送给那个丝绢协会，并分别标明为：

"能健全地发育而成功的种袋；患了小黑斑病而死亡的种袋；患了软化病而死亡的种袋。"

路易斯认为，让协会自己去饲养如此预言过的几种蚕卵，并观察比较饲养的结果，或许可以消除协会对预防方法的疑虑。

他的助手们，也分赴法国南部各地，进行实地实验。结果如何呢？当然全都成功了，那个丝绢协会终于承认预防方法绝对正确有效。

采用路易斯的方法的人们都说："没有比这更正确、更有效的预防方法了。"他们无不衷心感激。

经过了养蚕业者的实地实验，巴氏预防法的正确性被明确地认可了。此后，蚕病完全被征服，因蚕病而蒙受极大损失的养蚕业因而得救，许多因蚕病而受困的人，都对前途再次点燃希望之火。

虽然获得成功，但仍有人驳斥反对。那些想解决蚕病问题而被路易斯占先的人，嫉妒他的成功，为了泄愤而发出反对的声音。

如此无理取闹的攻击，实在令人慨叹。宫内大臣瓦扬元帅支持路易斯，建议他为了击破那些反对论调，不妨做一次大规模的决定性实验。

当时统治法国的拿破仑三世，在意大利的特列斯特附近有别墅和田园。几年来，由于小黑斑病和软化病的猖獗，那个田园的养蚕业，连连受损，毫无收获。

瓦扬元帅请路易斯到那里，一边疗养，一边实验，用实验结果使反对者不敢吭声。

路易斯和家人赶往特列斯特，虽然健康还没有完全恢复，但是这里风景宜人，空气新鲜。他一边过着有规律的生活，一边进行预定的工作，妻子和女儿玛丽在他身边协助他。

在路易斯的家庭生活和实验生活中，家人这般的关怀和爱心，对他是一种莫大的激励。

在此地的实验结果很理想。茧的总价值是 27000 法郎，纯利润高达 22000 法郎。皇帝拿破仑三世对于这一成果，大感惊异。

没过多久，在意大利和奥地利，由于大规模的实验，也证明了巴氏预防法是防治小黑斑病的唯一方法。

残酷的战争

1870 年，法国与普鲁士（德国）之间发生了战争（普法战争）。这是在路易斯从特列斯特回到巴黎后不久的事。

高等师范学校的学生爱国情绪高昂，纷纷志愿从军，所以当时学校里没一个学生，静悄悄的。路易斯的 18 岁儿子，也到战场去了。

路易斯虽想参加国民军，但由于半身不遂，不能当兵。没有办法为祖国作战，让他感到遗憾。

普鲁士的军势非常强盛，法国军队败了又败。拿破仑三世在 9 月 1 日，在色当被普鲁士军俘虏。

势如破竹的普鲁士军队，进逼巴黎。数年前就任高等师范学校副校长的路易斯好友贝尔丹说："你不能留在巴黎。"他担心路易斯的安全，继续说："你没有留在巴黎的必要，因为巴黎如果被普鲁士军包围，身体不灵活的你，只是空耗粮食的多余的人，现在该趁早到阿尔布瓦去避难。"

贝尔丹是想让路易斯在安静地方继续研究。路易斯听从贝尔丹的劝告，于 9 月 5 日，和家人一起返回阿尔布瓦。

但是，法国的不幸随他后面追来。在远离巴黎的阿尔布瓦，也得不到宁静的生活。为了使镇民收听战况，每当通知的鼓声响起的时候，路易斯就赶快出来，混在人群里，忧虑地倾听公报。

巴黎传来一个接着一个的战况，都是法军战败的不幸消息，路易斯满心的忧虑和苦闷。

法国遭受普鲁士军蹂躏的地方，人们纷纷地逃窜，难民在途中成群结队地走着，车子上乱堆着家具、行囊，扶老携幼的人们跟随在后，真是一幅悲惨的画面。

敌军逼近巴黎。巴黎为了准备防卫，到处都是士兵和大炮，街口堆满了沙袋，充满了战争气息。

高等师范学校成为战地医院，被配属于巴黎警备区的高等师范生，负伤了就被送到这里医治。巴黎不久就被包围了，炮弹呼啸而过，敌军的炮兵，竟然不顾红十字的标志，瞄准病院轰击，路易斯听到了这一消息，对普鲁士军的暴行，从心底涌起了无限的愤怒。

德国的波昂大学，曾经在 1868 年颁赠医学博士学位给路易斯，理由是："对于有关微生物发生的研究，有极大的贡献，因而促使发酵学进步。"

那时候的路易斯，认为自己的研究影响能为外国学者所认识而感到高兴。现在，对于敌国大学所赠予的名誉，他感到十分厌恶。

1871 年 1 月 18 日，路易斯决定把医学博士学位证书退回给波昂大学。对于普鲁士军历历可数的残暴行为，巴斯德以这样的方式表示抗议。

6 天后的 1 月 24 日，路易斯准备去寻找在法国东部与普鲁士军作战的儿子。他的儿子在何地、能不能相逢，这些路易斯都没把握。有如浮萍漂流的旅行，让路易斯和妻子忧形于色。

马车在积雪的道路上行走，摇摆着前进，好不容易，第三天到达了儿子参军时候的城镇，镇内到处是士兵。

路中间生了一堆火，冻得发抖的士兵们围着取暖。有的士兵用破布包着的脚趾都快要掉下来了，实在悲惨得令人不忍多看一眼。

巴斯德中年照

路易斯的妻子走到士兵们附近，打听儿子的行踪，可是没人知道。有一个士兵说："我能告诉你的是，这一个部队有1200人，而生还的只有200人。"

路易斯妻子感到绝望，战死的人这么多，自己的儿子说不定已经战死了。可是她仍不灰心，在士兵群中边走边一个一个地问。有一个士兵经过旁边的时候，刚好听到了她的话，就停下来反问："是巴斯德下士吗？"

"是的，你知道他的下落吗？"

"当然知道，我昨天和巴斯德下士睡在一起的。"

"那么，他现在还活着？"

"当然了，只是现在生了病……"

"他现在在哪里？"

"在后方。你们返回的途中就可以碰见。"

"是这样吗！真是太谢谢你了！"

路易斯和妻子刚才紧绷的脸，一下子舒缓多了。

当他们的马车刚要越过城门的时候，与一辆货车交叉而过，货车上有个头戴套帽的士兵，两手抓着车架，当他一眼瞥见路易斯一行的马车，发出了一声惊叫，跳下了马车。路易斯一看到从货车跳下的士兵，立刻吩咐车子停下来。那个年轻士兵正是他们的爱子，3个人相拥痛哭了很久很久。

为祖国效力

路易斯带着身体衰弱的儿子，去往瑞士的日内瓦静养。

而在这时候，法国已经投降了。

因为胜利而骄横的普鲁士，除了要求战费赔偿以外，还逼迫法国割让全部的阿尔萨斯及洛林的一部分作为讲和的条件。

路易斯对于祖国的战败，虽然大感失望与伤心，但是为了使可怜的法国能从战败的苦境中重新站立起来，他很想做一点事。

从事于科学研究的路易斯，所能做的是什么呢？

路易斯很想早日回到巴黎，继续从事研究工作，于是他写信给贝尔丹去探问："我离开巴黎后，研究工作已中断了5个月以上了。我很想早日回来，开始研究，不知高等师范学校的实验室怎样了？设备是否已经遭到了破坏？还能否在原来那间实验室继续研究？"但是巴黎的贝尔丹回信说："返回巴黎的事，视情况的变化再作决定。"

法国在投降之后，曾经发生过内乱。

先是外国的侵略，紧接着又是内乱，祖国如此混乱，法国的学者们什么事都不能做。他们当中，有的为了进行自己的研究工作，亡命到瑞士、比利时。

路易斯想，如果去外国从事新的研究，也是可以的。意大利的比萨大学邀请他去当教授，研究经费非常充足，并给予最高的教授薪俸，环境也很好。邀请函内说："比萨是安静的市镇，就好像把巴黎的学校区——拉丁区移到意大利的乡镇一样。镇内的居民，大部分是大学的教授和学生，你将会受到尊敬的。"

路易斯对于这一邀请犹豫不决。前往比萨的话，固然可以安心地从事于研究工作，但是战后的祖国残垣断壁，惨不忍睹，让他舍弃苦难中的祖国去往国外，于心何忍？路易斯最后还是婉言谢绝了意大利的邀请。

路易斯留在法国，是想为祖国效力，但是如果没有实验室的话，他又能够做什么呢？

路易斯带了家人到法国南部的克莱蒙。因为他的学生在克莱蒙大学担任教授，拥有一间实验室。路易斯就借用这个实验室，开始了啤酒的研究。

啤酒的酿造技术，首推德国，路易斯想使法国啤酒不亚于德国制品，他认为这项工作对祖国有益。

克莱蒙附近有一家啤酒酿造厂，路易斯几乎每天都到厂里去仔细询问、调查有关啤酒的问题。他那因战争而休息了一段时间的头脑，现在又开始活动了。

路易斯为了啤酒的研究，曾经远赴英伦，参观了各个大规模的酿造厂。英国的酿造业，对这位法国的大学者深表欢迎。起初他们大多数人都认为，即使是大学者的他也不见得懂得啤酒，在神态上免不了有一点轻蔑的样子。

不过，当路易斯用显微镜检查酿造中的啤酒液，并一一预言"行"或"不行"，而事后证明都被他一一言中时，这些人惊叹不已。

后来，情形改变了。当路易斯到工厂去的时候，厂内主要的职工都围着他，认真地听他讲解。到后来都认为只有听从他的话，才能够改善酒质而获利。他们对路易斯由衷地信赖，纷纷把他讲授的一切详尽地记录下来。

当路易斯从英国返回巴黎后不久，很快就完成了啤酒的研究，他发现啤酒也和葡萄酒一样，只要加热到50℃~55℃之间，就不会腐败。

将葡萄酒和啤酒经加热以保持不腐败的方法，称为巴氏消毒法，这种所谓"低温消毒法"，也可以应用于其他多种食品的防腐上。就是现在，世界各地仍然广泛地应用着这一方法。

开始医学研究

完成啤酒研究的路易斯，他跨越了一个阶段，计划进行对下一个奥秘的研究。路易斯想："啤酒和葡萄酒的病，是由于显微镜观察微生物的活动所引起的，这能不能用来解决人类和动物的疾病呢？人类和动物的一些神秘疾病，是不是也有微生物参与呢？"这是个飞跃的想象，他准备用实验予以证明。

路易斯亲身经历过失子之痛，所以对别人的痛苦抱有更大的同情心。

路易斯很遗憾自己不是医生，身为化学家的他，如果开始医学研究的话，人们会怎么想呢？想必大部分人会说："化学家能做什么？不能相信他的话。"

当路易斯研究蚕病的时候，就遭受过很多人的恶意批评和反对。可以想象，今后的前途将是困难重重。

让他吃惊的是，他竟然被选为医学科学院的院士。这是1873年路易斯年满51岁时候的事。

路易斯真是欣喜异常，具有这样的身份，从今往后就比较容易做医学的研究了。

那时候的医学很落后，一般人认为所有的疾病，都是从人体内部发生的。没有人像路易斯这样，推测传染病是来自体外的。

医生们的诊断只是根据经验，并不以实验探究疾病的原因，所以，很多疾病都防治不了。

对于外科手术后发生的败血症这一并发症，医生们更是无从下手。手术后的伤口经常化脓，他们不知道原因。好不容易大手术成功了，患者却多因败血症死亡。

1870年至第二年的普法战争中，伤者或接受手术的患者的伤口都化脓，以致一个接着一个死亡。医生们手忙脚乱，无计可施。当战事接近尾声的时候，有一位名叫阿尔方斯·盖兰的医生猜想："化脓产生的原因，很可能是巴斯德先生在空气中发现的微生物的孢子。"能注意到路易斯的学说，可以说是医学上的一大进步。虽然这样的人为数不多，但毕竟已经有医生想到应用路易斯的学说了。

盖兰继续研究这一问题，认为："化脓症的病因如果是孢子的话，用衬有棉花的绷带来过滤空气，应该可以预防这种可怕的并发症。"他于1873年邀请路易斯来观察内装棉花的绷带。

路易斯当然高兴地应邀访问，并从此开始这一问题的研究。这时，英国有名的外科医生李斯特，以路易斯的学说为出发点，认为化脓症的原因是，腐败性孢子进入伤口所致，经过长期的研究，终于发明了杀菌法，兴奋之余，立刻写信给在巴黎的路易斯，报告这一喜讯："不知您看过《英国外科医学年报》没有？如果您曾读过的话，您可能看到一篇有关新杀菌法的报告，这是经我9年的努力而完成的。我完成了相当完美的杀菌法，所依据的原理，却是您所赠予的，借此机会，向您表示由衷的谢意。如果有一天，您来到英国的话，您将能在我的医院里看到，您的研究是如何广泛地被利用着。这一事实，正是对您和您的研究表示真诚谢意的礼物。"

李斯特的杀菌法，是将所有手术时需用的东西，用1升水中含有50克石炭酸的溶液洗净。施行手术的医生的双手同样用这种溶液充分洗涤。手术中间，不断地用喷雾器喷射石炭酸溶液于伤口周围以杀死空气中的微生物。手术完毕，又用这种溶液清洗伤口，最后才用清洁的绷带包扎。

这样的话，伤口就不会化脓，死亡人数大为减少。李斯特的杀菌法极为成功，他使外科医学跨越了一大步，但他认为应该归功于路易斯的学说，所以来信道谢。路易斯当然深感欣慰。

路易斯有关微生物的研究，对于酿造业、养蚕业以及医学方面具有极大的贡献。

继续努力工作

战败后的法国，废止了帝制，实行共和政体。

1874年路易斯获国民议会颁的国民奖。

由于路易斯的研究，养蚕业和酿造业引发大革命，使法国获得了很大的财富。这个"国民奖"就是国家对他表示感谢之意而颁授的。政府每年给予路易斯12000法郎的年金，即使他本人死亡以后，未亡人亦可获赠其半数，这个金额相当于大学教授的年薪。

路易斯接到好友夏布伊以及恩师、学生等许多人的祝贺信，只要是认识他的人，都表欣慰，为他庆贺。他的一个学生的贺言最为得当："您是最幸福的学者。您已亲眼见到自己学说的胜利，您将永远感受到这种喜悦。"

路易斯的左手仍然不能自由活动，左脚有些跛。他的诊治医生说："只要是耐久性的工作，都要禁止。"

很多人都劝路易斯静养，但是他不听劝告，反而说："我想照常继续工作。不能让我全心全意尽力工作的话，活着也没意思。"

路易斯脑中只有工作。一天的工作完毕后，他从不参加社交界晚间的聚会游乐，也不去观赏戏剧。晚饭之后，他满脑子里想的都是研究计划，在起居室或走廊漫步。

1876 年 9 月，路易斯又有一件喜事，他被任命为法国的代表，派往出席在意大利米兰举行的国际养蚕会议。

参加会议时，他带了协助过蚕病研究的三个学生。三人中有两个是里昂理科大学的教授，还有一个是养蚕研究所的所长。

会议开始后，三个学生都发表了有关蚕病的演讲。他们过去接受过路易斯的讲授，现在该是他们教授别人的时候了。

会议完毕后，路易斯一行到米兰附近去参观一家很大的蚕种选别工场。工场是座很好的建筑物，有六七十个妇女用显微镜检查蛾，一天能检查四万袋。场内设备好而且清洁。

入口的大门上，高挂着欢迎巴斯德教授的横幅标语，表示场主对路易斯的敬意，路易斯极为感动。有一段很长的时间，他的蚕病研究受到许多人的攻击和中伤，那种悲愤之情，如今已一扫而空。

在阿拉斯镇施行的小规模实验，现在意大利土地上，却大规模地开展了。路易斯深深地体会到，只有科学家才能品尝到的成就感和喜悦。

进军炭疽病

回到巴黎的路易斯，开始着手于当时已成为问题的炭疽病的研究。

炭疽病是牛、羊、马等易患的可怕疾病。之前好好的牛、羊、马，突然颤抖、鼻口流血，不久就会死掉。从发病到死亡时间极短，牧羊人对其察觉的时间都没有，等到察觉了，牛、羊、马也已经死了。

在法国，每年都有很多家畜因这种病而死亡，这让畜牧业受到很大的损害。有些地方，死于炭疽病的羊群占全体的1/4 或 1/3，有的甚至高达半数。

容易发生炭疽病的地方，常被称为"炭疽地方""被咒的原野""被咒的山"等，使畜牧业者避之唯恐不及。

更厉害的是，人类也受到这种病的感染。牧羊人、肉商、鞣革工人等处理家畜的人，往往由于小小的擦伤就会引起恶性肿疡，并因此丢掉性命。

这么可怕的炭疽病，到底是怎么发生的呢？

检查因炭疽病死亡的动物的血液，可以看到小棒状或丝状的东西。

有位名叫达威恩的兽医，读到了路易斯有关酵母菌发酵的论文，因而推想："病血中见到的奇妙东西，可能像酵母菌一样地活动，在血液内繁殖，而成为炭疽病的原因。"小棒状的东西如果是炭疽病的致病原因，那么，将因炭疽病死亡的动物血液，输到健康动物的身上，该动物也应会生炭疽病而死亡的。

达威恩据此实验的结果，健康动物在输入病血后果然发病死亡，尸体血液中又发现了小棒状的东西。

达威恩将小棒状物命名为"细菌"，并宣布说："炭疽病和'细菌'有关系，已经不容置疑了。"

不过，有两位军医学校的教授依此实验，结果健康动物死了，但尸体血液中并没有发现"细菌"。所以，他们断言："炭疽病并不是由于'细菌'引起的。"并表示反对。

达威恩重做实验，然后宣布："两位反对论者所输入的，是炭疽病以外的东西。"

"那么，那个病是什么？输入了因炭疽病死亡的动物的血液，为什么会引起其他的病呢？因炭疽病而死亡的动物尸体中，是不是存在两种病？"被反对论者如此反驳的达威恩，不能明确地解答，因而他遭受了激烈的攻击。炭疽病的问题，依然是在暗云黑雾中不能解决。

路易斯想开始做炭疽病研究的时候，正是这样的混沌状态。他看到达威恩依据自己的学说而做的研究正受围攻，他不能袖手旁观，置之不理。于是他马上订立实验计划，着手炭疽病的研究了。

他先将烧瓶洗净，用高温杀菌，瓶中放入中性或弱碱性的尿，尿也是先加热处理过的，使它不含有任何孢子。路易斯取出一些因炭疽病死亡的动物血液，加入少量放在瓶中。没过多久，出现泡沫似的东西浮在液面上，这时候他取一小滴放入第二瓶内予以培养，当第二瓶出现泡沫时，再取一滴放入第三瓶，如此重复，一共做了40瓶。

路易斯为什么要这样做呢？

如果最初加入的一滴血液中，含有"细菌"以外能引起炭疽病的无生命的毒素的话，这个毒素经过40次的稀释以后，在第四十瓶内等于没有了，剩下的应该只有"细菌"了。换句话说，第四十瓶是"细菌"的纯粹培养液。

路易斯取出第四十瓶的一滴液体，接种于健康的动物，结果该动物患炭疽病死亡，而且，这个"细菌"产生了类似孢子的东西。将它接种于健康动物来观察，就会见到孢子似的东西长出芽来，变成小棒状，接着变成丝状而大量繁殖，而被接种的动物则死于炭疽病。

炭疽病由"细菌"引起，经过这次实验而予以确定，但是仍不足以说明军医学校两位教授所做的实验。

取出因炭疽病而死亡的动物的血液，输到健康动物体内而使它死亡，但为什么尸体内找不到"细菌"呢？

路易斯为了求证，完全按照军医学校教授们的实验，重复做了一次。结果,终于获得了可以说明一切的证据。

军医学校的教授们,是从死了相当久的动物取血,这种血液里,除"细菌"外,还含有许多足以使东西腐败的微小生物。被输入这种血液的健康动物,由于体内进入了大量的腐败性微小生物,发生败血症而死亡,而在尸体内也就找不到"细菌"了。

长久悬而未决的炭疽病问题,由于路易斯的研究,出现了一线曙光。

虽然还有很多问题等待着他去解决,比如说炭疽病是怎样传染的、如何预防等问题,但是炭疽病的原因已经揭晓了。

当时的大部分医生,并不承认路易斯的研究。

路易斯不是医生,医学知识并不丰富,他居然完成了医学专家们都不曾完成的工作,难怪那些医生们心里不舒服。

路易斯身处苦境,孤立无助,要面对众多反对者论战,他不能有丝毫的错误和失败。要使反对者信服,只有将证据赤裸裸地呈现在他们眼前。

反对论者的攻击全是意气用事。有位兽医学校教授,对路易斯所说的任何事都反对,可以说是为了反对而反对。

路易斯说母鸡不会得炭疽病。这位兽医马上说:"没有比使母鸡得炭疽病更容易的事了。"

"那么,请给我一只得了炭疽病的母鸡,行不行?"路易斯拜托他说。

这位兽医答应了,但是过了好多天都没拿来。

不久后路易斯遇见了这位兽医，很客气地询问他："你真的能够找得到患炭疽病的母鸡吗？"

他回答说："相信我好了，下个星期一定给你。"但是，过了很久他还是没有拿来。

路易斯再次碰到他的时候，又催他说："怎么样，你又忘记了吗？"

兽医吞吞吐吐回答："炭疽病的实验，我才在做第二次，近几天之内，我会送到你那里的。"

几个星期过去了，还是没有任何消息。后来他终于承认了他没办法让母鸡患上炭疽病。

路易斯这时微笑着说："好吧，你做不到的话，我来做给你看。几天内，我会带一只患了炭疽病的母鹅到你那里去的。"

路易斯曾经说过，母鸡不会患炭疽病。其实，他已经通过实验知道可以使母鸡患上炭疽病的办法了。

普通状态下的母鸡，接种了"细菌"培养液也不会患病，那是因为母鸡的体温较羊、马高，使"细菌"无法繁殖而终于消失。路易斯认为："降低母鸡的体温，使之与牛、羊体温一样，或许会感染炭疽病。"他就据此设计了一个巧妙的实验。

把接种过"细菌"的母鸡和没接种的母鸡，都放进水槽内，使它们1/3的身体浸在水里面。结果，接种的患了炭疽病而死亡，没接种的仍然活蹦乱跳。

惊异于路易斯正确实验的结果，也有人称赞他的研究，不过仍然只是少数人。少数人中之一的塞迪育博士，就曾在院士会议中大加赞扬。

塞迪育博士建议说，由路易斯研究而大白于天下的，以显微镜能见到的种种微小生物，总称为"微生物"。路易斯表示同意，于是"微生物"这一专门名词正式诞生。

达威恩用以称呼炭疽病病原的"细菌"这一名词，随着微生物学的发展，没过多久，转用于总称体积极小，形态呈球状、杆状或丝状的这一类微生物了。

来自蚯蚓的灵感

协助路易斯研究炭疽病的两位助手是尚贝尔兰和鲁。

路易斯本想和他们一起去炭疽病的严重受灾地区，调查清楚炭疽病的传染情形，从而设计种种实验计划，但是由于争论不休，这些计划被搁置下来。

传染病和化脓症的真正原因是微生物，虽然经由路易斯的实验予以证明，但是医生们仍顽固地不予承认，依然主张所有的病是自然发生的，他们继续攻击路易斯。

经过路易斯和李斯特确立的杀菌法，实际上救了很多人的生命，有极为优越的成效，不过这些人故意忽视这一事实。

他说："把引起所有传染病和化脓症的各种微生物都找出来，使医生们承认我的学说是正确的，这样才能拯救更多的病人。"因此，他跑到医院继续研究。

疖是一种非常顽强的肿疮。路易斯在脓里面发现了疖的病原微生物。他又在某医院里，从一位患骨髓炎的少女的病骨内取出一点脓，用显微镜去检查，结果发现脓里的微生物和疖的病原体相同。所以路易斯确认了骨髓炎和疖的病因是相同的。

路易斯又在检查妇女产后易患的产褥热的原因时，在脓液里发现了连锁状的或念珠状的微生物。这样，被称为连锁状球菌、葡萄状球菌等的化脓菌，被路易斯发现了。

在病院里的研究工作并不愉快，尤其是看到患者接受手术或尸体的解剖，更是让路易斯感觉不舒服。他有好几次逃出医院，但到了第二天，又到医院去了。

对科学的挚爱，以及对人类的爱心使他不能退却。为了使科学进步，为了保护人类免受疾病的侵害，他宁愿付出全部。

路易斯对炭疽病的研究，很有耐心地持续下去，后来他终于了解了炭疽病的传染方式。

因为炭疽病而死亡的动物尸体，不是当场弃置就是埋进土里，尸体血液中的炭疽病菌开始形成孢子，于是，几千万、几亿的孢子散布到地面或附着在草上。

家畜吃草的时候，口腔里往往会被带刺的草割伤，哪怕是极小的伤口，炭疽病的孢子都会从伤口进入血液，从而引起炭疽病。

以上是路易斯经过种种实验而证实的，不过还有一大疑问没有解决。那就是：埋在土里的动物体内的炭疽病孢子，是怎样到地面上的？

一天，路易斯和尚贝尔兰及鲁一起在沙特尔附近的农园散步的时候，突然有了灵感，想起了这一个谜的谜底。

刚收获过的田地里，路易斯发现只有一个地方的土壤颜色不一样，就问地主是什么原因。原来，去年在这一个地方埋了几只因炭疽病而死的羊。

路易斯一直凝视着那一块地面，然后对两位助手说："看一看这个。"他手指着蚯蚓吐出地面的小粒土堆。"你们想想看，炭疽病的孢子在地面上发现的原因，是不是这个？蚯蚓在土粒的空隙爬来爬去，把尸体附近的土带到地面上来的时候，不是也把炭疽病的孢子一起带到地面上来散布了吗？"

这真是异想天开的推论，但是路易斯领悟到这是个重要而大胆的假设，唯有如此才能解开这个谜团。

他们马上采集埋尸处的蚯蚓，经过解剖后，把消化管内的土取出来，用显微镜观察，果然如路易斯所料，发现了炭疽病的孢子。

发明疫苗

炭疽病的原因和传染的方式，现在终于明确了。

不过，这也只能算是成功了一半，还剩下一个问题：怎样才能预防炭疽病？

不久，路易斯终于解决了这一难题。他发现这一预防方法的契机是鸡霍乱的研究。

所谓鸡霍乱，是家鸡等易患的急性疾病。好好在抱卵的母鸡、蹦蹦跳跳的公鹅，常常会突然倒地不起，嘴巴紧闭，眼睛混浊，就这样死了。鸡霍乱非常可怕，100只家鸡中，常会死掉八九十只，甚至无一幸免。

路易斯像往常一样，取出可能是病因的微生物，移种于酵母溶液中。

炭疽病菌在此溶液中可以繁殖得很好，可是引起鸡霍乱的微生物却不能，不到两天就全死掉了。

这也就是说，各种微生物要在适合于它们的环境，才能生长和繁殖。也正因为这样，对某种动物有害的微生物，在它寄居的动物体内却未必有害。

路易斯做了多次实验，发现加少许碳酸钾中和的鸡肉汁，最适于培养鸡霍乱的微生物。如果将一滴培养液放在面包片上去喂鸡的话，鸡就会患上霍乱而死亡。

有一次，路易斯把一瓶鸡霍乱的微生物培养液忘记清理，搁置了好几个星期，他取出一滴培养液注射到鸡身上，不知道是什么原因，家鸡中只产生了轻微的霍乱，并没有死亡，他又改用较新鲜的霍乱菌注射，虽然又患了轻微的病，但仍没有死亡，没过多久病自然好了。

这种结果，实在是不可思议！为什么培养液放久了毒性就减弱？

经过种种研究的结果，路易斯才知道空气中的氧气，会减弱鸡霍乱菌的致病力。于是路易斯将置放时间不同的培养液注射给家鸡，以观察结果。

注射了新鲜培养液的家鸡，10 只中死了 10 只；培养液放了 1 个月的，10 只中死了 8 只；2 个月的，10 只中死 5 只；3 个月的，10 只中死 1 只；更久的，没有死亡。活下来的家鸡，不论是属于哪一组，再注射性强的新鲜培养液，结果都没有死。

这是很伟大的发现。

注射毒性弱的霍乱菌，可使家鸡体内产生抵抗力，来对抗毒性强的霍乱菌。所以，要预防鸡霍乱，将陈旧的鸡霍乱菌的培养液注射给家鸡即可。

"对炭疽病能不能应用同一方法呢？"路易斯对炭疽病的预防怀抱了很大期望，努力研究。

鸡霍乱菌培养液，在空气中放置一段时间后，就会失去毒性；炭疽病菌却不受空气的影响，不论放置多久，仍然具有毒性。

路易斯为了制作没有毒性的炭疽病菌培养液，做了许多种实验，终于达成了目的。

和鸡霍乱一样，也是以中性鸡肉汁作为培养液，可是温度要保持到 42℃ 或 43℃。在这种温度下，炭疽病菌就一再地繁殖，不会形成孢子，只有丝状的炭疽病菌。

将这种培养液搁置 8 天左右，然后注射到羊的身上，10

只中间只死了四五只，过去注射新鲜液的 10 只羊却全部死亡。再试搁置 10 天或 12 天的，虽可引起轻度的病，但不会死，可见培养液的毒性几乎没有了。活下来的，以毒性强的炭疽菌注射，同样地能抗病而不死。

路易斯终于发明了炭疽病的预防方法。

路易斯先是找出了炭疽病的原因，接着探明传染方式，最后发明了预防方法，终于完成了炭疽病的研究。

预防天花要种痘，这是英国的詹纳发明的，取下牛身上的痘脓接种于人体，以防天花。

鸡霍乱和炭疽病的预防方法，在原理上，与种痘完全相同。于是，路易斯把用来预防这些传染病的液体，统称为"疫苗"。

"疫苗"的本意是指种痘时所用的"痘苗"。路易斯把这一名词的意义更为扩大，即凡是将传染病病原的微生物的毒性减弱，用来预防该病的，都称为疫苗。

路易斯的炭疽病研究，轰动法国之后，很多人都希望他在大众面前公开实验，以证明他的预防方法。

路易斯欣然接受了这个要求，设计了大规模的实验计划，在穆兰进行。

穆兰免费提供 60 只羊给路易斯。路易斯将其中 25 只注射炭疽病疫苗，并于 12~15 天后再注射 1 次。数天之后，注射过 2 次疫苗的 25 只，与没注射的 25 只，都注射以强力的炭疽病菌；其余的 10 只则不注射。

路易斯的预想是，没注射疫苗的 25 只全部死亡，而注射疫苗的 25 只都可以生存下来，至于完全没有注射的 10 只，是用来和生存下来的 25 只作比较。这就是他的实验计划。

有人担心这种实验大胆而危险，但是路易斯认为："研究室里已经用 14 只羊实验而成功，所以这次以 50 只羊实验，也同样会成功的。"他对实验充满信心。

重大的实验

实验的大日子终于来临了。

1882 年 5 月 5 日，许多人聚集到穆兰，其中有农会职员、医生、药剂师，也有兽医，他们都想亲眼确认实验的结果。

他们几乎一致认为实验定会失败，尤其是兽医们更是希望他失败。

路易斯指挥助手们准备实验。羊群被分为注射疫苗的和不注射的两群。

路易斯在 25 只羊的腿部内侧，各注射了疫苗 5 滴，并在耳朵上面做记号，以便与没注射疫苗的羊区别。于是第一次接种完成，并定于 12 天后注射第二次疫苗。

这当中，路易斯的助手鲁和尚贝尔兰，好几次到穆兰观察注射了疫苗的羊只，但别无异状。

5 月 17 日，也是在大众面前，实施了第二次疫苗的注射。

第三次接种是在 5 月 31 日，要注射炭疽病菌在注射过疫苗的和没注射过疫苗的羊身上。

这一天，人们集合到穆兰。之前经常反对路易斯的那个兽医，这时更不怀好意地要求注射液尽量用多一点。

路易斯答应了他的要求，以 3 倍的量注射 50 只羊。

2 天后的 6 月 2 日就可知道实验的结果了，人们决定那一天再来，于是各自回去了。

6 月 1 日，鲁和尚贝尔兰到穆兰察看情形，没注射疫苗的羊群，大多患了病，痛苦地呻吟着，且已死了 3 只。

注射了疫苗的羊群中，也有几只发烧了。从尚贝尔兰和鲁那里接到这一报告的路易斯，感到很不放心。

没过多久，穆兰又来了电报说有一只可能要死了，这让路易斯更是提心吊胆。

注射了疫苗的羊，只要有一只死亡，实验就算失败，医生们定会激烈攻击，完全否定路易斯的炭疽病的研究。一向确信自己的研究，至今处之泰然的路易斯，他的坚强信念，竟也动摇了，以致整夜不眠。

第二天，6 月 2 日上午 9 时，从穆兰又来了电报。

路易斯心想是不是失败了？他战战兢兢地打开电报一看，竟然是好消息。昨天发烧的羊只，今早痊愈了。结尾说："大功告成。"路易斯立刻转忧为喜。

下午 2 点，路易斯和助手们一起到达穆兰实验场地的时候，满场鼓掌，人人欢呼。

没注射疫苗的 25 只羊中，已经死了 22 只，只剩下 3 只，也是气息奄奄，即将毙命。

另一方面，注射了疫苗的羊，25 只全都无恙。

实验完全成功，疫苗的效能，公开地被证实了，事实摆在眼前，任谁也不能怀疑路易斯的胜利。

巴斯德肃穆照

如此伟大的成就，轰动了全国，人人兴奋得如痴如狂。

法国政府为了酬谢路易斯的丰功伟业，特意给他颁授勋章。不过，路易斯提出一个请求说："我的炭疽病的研究，有两位优异的共同研究者，他们辛勤地工作，帮助良多，希望一并予以奖励，如果此事不能实现，我也不能接受勋章。"

鲁和尚贝尔兰两位优秀助手，能够排除一切艰难险阻，勇敢地献身于路易斯的炭疽病的研究，所以，路易斯认为不能仅自己接受这一荣誉，应该把这一殊荣与喜悦和他们两人共享。当政府决定颁发给鲁和尚贝尔兰勋章的消息传来之时，他们三人在研究室内忘情地拥抱着，异常激动。

掌声与喜悦

这一年的 8 月，路易斯以法国政府代表的身份，出席在英国伦敦举行的国际医学会议。

开会的那一天，会场的圣·詹姆斯宫的大堂内，挤满了听众。路易斯到达会场的门口，一位委员马上迎接他走向台上的贵宾席位，这时候，突然响起了如雷鸣般的掌声，他回头对跟在后面的儿子说："一定是皇太子殿下莅临会场了，我们该早一点来的。"这时候，旁边的会长詹姆斯·佩吉特爵士说："不。"他充满敬意、面带微笑地说，"大家是在为您鼓掌呢！"

路易斯的感激和感动，难以言表。路易斯在会议上，提出了有关鸡霍乱和炭疽病疫苗的研究报告，备受赞扬。

法国的报纸，将会场的情况作了如下的报道："在会议中获得最大成功的是巴斯德。他演讲的时候，所有席位，所有各国人士之间，不断地传出如雷鸣般的掌声……这位不知疲倦的工作者、技术优异的研究家、精确严密的理论家、热心的传道者，给予所有人以强烈的震撼。"

在国际医学会议上接受了至高喝彩后返回法国的路易斯，听到了由非洲塞内加尔回到法国波尔多的一艘船里，发现了黄热病患者。路易斯想从患者或死者血液中找出黄热病菌，并把它培养成功。

有人劝阻他说："老师，这样太危险了！黄热病是很可怕的传染病。万一被传染了，那怎么办？"但是路易斯并不畏惧。

路易斯马上向波尔多出发，学生鲁博士也紧跟着老师，随同出发了。

他俩到达波尔多以后，乘坐小艇，看到了停泊在一个大港湾中的大货船，他向对方船员喊话询问，了解到途中死了5个船员，其余都很健康。路易斯又询问了下一只船及第三只船，都没有异常。

遭遇大灾难的那艘船，被命令停泊在港湾中。经过询问才知道，这艘船在航海中死了18人之多，死后立即投入大海，没有尸体可供研究，而且患病的患者们也在康复期中，所以路易斯和鲁不能做什么实验。

"老师，还是回巴黎去吧。"

"不，已经专程赶来了，等下一艘船吧。听说四五天之后，有一艘叫做'黎塞留号'的船，从非洲载客来到这里。也许在航海途中有患有黄热病的死者，说不定还有患者需要被送往医院隔离呢。"

于是两人就住下来等待，路易斯心中想："鼠疫、霍乱和黄热病是东方三种瘟疫。希望能从不幸的牺牲者体内找到特异的微生物，如能找到病原微生物，从而制作疫苗，这样就好了！"

"黎塞留号"终于抵达，但是并没有黄热病患者。它跟之前那艘船一样，航海中由于黄热病而死亡的人员尸体，都已经投入海中了。

路易斯没有任何收获，只能空手离开波尔多，但是他的无畏精神，让人不由肃然起敬！

医学的巨匠

获得辉煌的荣耀

1882 年，路易斯被选为法国研究院院士。

院士，是对学者的最高嘉奖，路易斯的恩师杜马是院士，已故恩师毕欧也是院士。院士是由研究院全体院士投票，从几位候选人中选出来的。

当杜马和几位法国研究院院士建议路易斯申请候选时，路易斯说："我从来都没想要成为院士，那只是一个虚名而已。"大家又对他说："你在科学上有这般辉煌的成就和贡献，这份荣誉你当之无愧，你尽快申请吧，一定会当选的。"他不好再拒绝大家的美意，只好提出了申请。

这一年的 4 月 27 日路易斯成了一位新院士。

路易斯申请院士的几个月前，穆兰农会为了对路易斯发明炭疽病预防法表示谢意，特意赠送了刻有他肖像的奖牌。

一心想为人类做有益的事情的路易斯，如今救助了无数的人，深深被人们所爱戴，只要有邀请，他什么地方都去，请他演说，他也欣然地答应，从不推辞。

路易斯遍游各地回到了巴黎，科学院的学者们正在发起感谢路易斯的活动。为了对路易斯为法国的科学留下了无数成果与贡献表示感谢，他们决定赠送他一个纪念牌。牌的正面雕刻路易斯的侧脸，背面铭刻：路易斯·巴斯德惠存，同事、友人、崇拜者敬赠。

6月25日，路易斯的恩师杜马、友人贝尔丹，以及支持路易斯的学说而首先做炭疽病研究的达威恩等，代表科学院，来到在高等师范学校内的路易斯住宅。

路易斯和家人们一起出来迎接这些代表。

杜马递上纪念牌后，庄重地说："巴斯德先生，40年前，你以学生身份进入这所高等师范学校。最初，你的老师都认为你一定会有所成就的，却没有预想到，你对于科学、法国以及全世界会有如此令人惊异的贡献！巴斯德先生，你的一生是成功的，你所用的科学方法，因为你而获得了奇迹般的胜利。高等师范学校为有你这样的毕业生而骄傲，科学院以你的成就和贡献为荣，法国认为你是强国富民的伟人之一。正当全国上下为你欢欣、庆贺、感戴的时候，我们这群友人和崇拜者专程造访，并致赠纪念牌，在意义上来说，非比寻常，因为这种敬意是所有的人心中自然的流露。巴斯德先生，请多注意健康，祈望你长久享受这份荣誉，观赏因你的成就而产生的美妙成果。科学界、农业界、工业界以及全人类都将对你呈奉永远的感谢，你的名字将在历史上永垂不朽。"

路易斯倾听着恩师的赞誉，此时他觉得这比什么都更难得，他低首直立，热泪盈眶，不能自已。

同年 9 月，路易斯代表法国出席在瑞士日内瓦举行的国际卫生会议。

国际卫生会议的委员会曾经特别邀请路易斯前往参加，让他报告有关减弱微生物的毒性的研究。

路易斯到达会场的时候，全体起立鼓掌欢迎他。不论是哪一国人，他们都用最热烈的掌声来表达衷心敬意。

法国人获悉路易斯在会议上提出一份内容丰硕的报告，比其他任何国家的代表都优异后，国内人民再度掀起一阵高潮，深以为傲。

路易斯虽然总是东奔西走，但仍然继续从事新的研究。

下一个目标是猪丹毒的研究。

他一如既往，发现了引起猪丹毒病因的微生物。他将其培养液一滴注射于猪身，猪立刻患了猪丹毒死掉了。

因此，猪丹毒的病因就此确定。既然这样，能不能把这种微生物的毒性减弱，而做成疫苗呢？

路易斯从 1882 年至第二年，热心于这一研究，终于制成该项疫苗。

那时他已经 61 岁了，简直是个研究狂。随着年龄增加，他的研究热情也越来越旺盛。

脑溢血的影响还残留着，他仍然有轻微的跛足，左手运动也不太自然。凭着如此的身体和年龄，还在努力做研究，连年轻人见了都自叹不如。

路易斯继续忙碌着做研究。看着由于自己的科学研究而使法国繁荣，人人幸福，才是他最大的喜悦。

其实，因为他的研究，法国获得了难以估计的财富。

1870 年的普法战争中，战败的法国，必须付给普鲁士 50 亿法郎的赔偿费。据估计，由路易斯的发明所获得的利益，不但足够偿付 50 亿法郎，还绰绰有余。

另一方面，自从路易斯和李斯特的杀菌法（消毒）被应用于外科手术以后，死亡率大为降低。过去的外科手术死亡率是 50%，现在降低到 5%，即 100 人中仅 5 人可能死亡。

对于自己的国家产生了这样伟大的人物，法国国民无不引以为荣。

1883 年，为了表示全体国民对路易斯感谢之意，法国政府把颁给他的国民奖 12000 法郎的年金，提高为 25000 法郎。路易斯死后就转赠给未亡人，未亡人死后可以转赠给子女。

当此事在国民议会中，获得全场一致通过的时候，路易斯正回到他诞生的故乡洛尔镇。

7 月 14 日是法国革命纪念日，这一天洛尔镇要举行两项仪式，即和平之神的铜像揭幕，以及在诞生路易斯的房子嵌上刻有纪念文雕版的仪式。

洛尔的镇长，请路易斯一同站到台上，致辞说：

"巴斯德先生是法国的伟人，更是人类的恩人，巴斯德先生诞生于洛尔，是洛尔镇民的荣誉。像巴斯德先生这样平民出身的伟人，值得我们尊敬和效法。现在将巴斯德先生的名字存留于镇内以作永久的纪念，这是我们的义务。"

路易斯曾接受过各市镇的热情欢迎和招待，但没有哪一次能像洛尔镇的感谢活动，给他留下这么深刻的印象。

他在小的时候就从洛尔迁到阿尔布瓦，从那以后，这是路易斯第一次回到自己出生的家，看到双亲在洛尔时曾经住过的简陋房子的时候，不禁百感交集、感慨万千。

路易斯受到农工业者、病患者、学者、政府官员等所有人们的感谢和敬爱，这份殊荣，可以说已达到巅峰。

但路易斯并未因此而满足，他还有更大的期望。他的期望是无限的，他不满足于既得的结果，一个研究完成了，就继续下一个研究。

现在，路易斯有两大愿望：一是完成正在着手的狂犬病研究；二是为了扩展研究成效，以使人类免于传染病，他必须训练更多后继者。

爱徒与恩师的去世

1883 年 6 月，埃及发现了霍乱患者，蔓延的速度令人咋舌，不到一个月就已经侵入开罗，一天之内死亡 500 人左右。亚历山大港也被波及。

路易斯听到这一报道，就向公共卫生委员会建议，派遣法国研究团前往亚历山大港。

卫生委员会立刻接纳了他的建议，并请他提名年轻的学者为团员。

在路易斯的研究室里，这方面的学者很多，只要从中挑选就行了。他回到研究室说明了卫生委员会的决定，鲁首先申请参加，斯特劳斯、诺卡尔、蒂利埃 3 名学生也齐声响应。很快地，派遣团团员就这么决定了。

由于办理的手续有些繁琐，他们一行四人略为延迟才出发，到达埃及的亚历山大港时，已是 8 月 15 日了。发现结核菌的德国科赫博士为了霍乱的研究而先行到达了。

在亚历山大港，每天因霍乱而死亡的有 40~50 人。

鲁等人马上解剖霍乱患者的尸体，开始研究。但不久，霍乱流行突然停止了。

因为霍乱流行的终止，研究不能再继续下去，半个月的努力终归徒劳。更不幸的是，法国派遣团里有一位团员为研究而牺牲了自己。蒂利埃感染了霍乱，转眼间就告不治，年仅 26 岁。

鲁向法国发了一封电报，得知死讯的路易斯，既震惊又悲伤，整天默默不语。

给恩师杜马的信中，他叙述了他的伤痛："我接到一个不幸的消息，蒂利埃先生昨天在亚历山大港，因急性霍乱去世了！他的去世，使科学界失去了一位最勇敢和最有希望的学者。我因此而痛失了献身研究的爱徒，也失去了我研究室的主要支柱。不过，他为了热爱祖国而有所作为，使我稍感宽慰。"

接到这封信的杜马，也在半年后的 1884 年 4 月与世长辞了。爱徒与恩师的先后逝世，对路易斯无疑是沉重的打击。

这时，路易斯正打算代表科学院参加英国的爱丁堡大学300 周年庆典。

接到爱丁堡大学邀请的法国学院团体，决定由各学院选出 5 人做代表，科学院推举了路易斯。由于恩师杜马的丧事，他不想前往参加。这位恩师对路易斯来说，是毕生难忘的导师，从他那里蒙受教诲、接受开导，使路易斯获益良多。如果不参加恩师的葬礼而去参加庆典，会使路易斯感到无比地遗憾，所以他就予以婉拒了。

法国研究院的同事听到了这件事后，劝告路易斯说："巴斯德先生，杜马老师生前也是以国家利益为先，如果你衷心尊敬杜马老师的话，就该去爱丁堡，因为这是对国家有益的事。"经他们这么一说，路易斯改变了主意，于是他决定前往参加。

爱丁堡大学的 300 周年纪念庆典华丽而庄重，全市满满的是耀眼的制服和长袍，市民们个个容光焕发，欣喜与骄傲溢于言表。被招待的外国人，都受到由衷的欢迎。

爱丁堡大学与法国的大学不同，它可以自由地颁授名誉学位给被招待的人，不过能授予的学位只限于神学博士及法学博士两种，路易斯是科学家，于是决定颁赠法学博士学位。

庄严的学位授予仪式在 4 月 17 日举行。

接受学位证书的人们，坐在会场中央，大学校长及教授们则列席于台上，观众席上更满是学生。

接受学位的人，被叫到名字后走到台上，观礼的学生们报以热烈的掌声。

终于叫到路易斯的名字了，突然全场肃静，人人争着想一睹路易斯的风采。当他出现在台上的时候，全场响起了怒涛般的欢呼声，会场内 5000 人全部起立致敬，欢呼与掌声，长久不息。

对狂犬病的钻研

路易斯在医学方面，花费最大力量研究的是狂犬病。之前，他把炭疽病、鸡霍乱、猪丹毒等全部征服了，但是对于狂犬病的征服，却十分困难。越是困难就越迎难而上，这就是路易斯的本性。

1880 年，路易斯着手于狂犬病的研究。这一年的 12 月，研究狂犬病的某一兽医，心想他自己没有办法解决这种难题，或许巴斯德先生可以做得到。于是他带了两只狂犬前去拜访路易斯。路易斯就从这个时候起，开始狂犬病的研究。

当路易斯开始热衷于狂犬病研究的时候，他的某一友人说："巴斯德先生不知道科学的界限，科学能解决的问题毕竟是有限的，我怕他徒劳无功。"持有这种想法的人不在少数。

不过也有人认为："就巴斯德先生以往的辉煌成就来看，

他或许也能防止狂犬病。"

狂犬病有麻痹性的和狂躁性的两种。患了麻痹性狂犬病的犬，运动神经被麻痹，腰部无力以致不能站立，颚张开，舌下垂，不断地流口水，最终导致死亡。狂躁性的症状是眼睛血红，见到手或棍子接近，就想噬咬攻击，有时痛苦地悲声嚎叫。

因为不知道狂犬病的防治方法，所以被狂犬所咬到的人只好认命，大都不接受治疗，静静地等死。

路易斯跟之前一样，先从让健康动物患狂犬病的实验开始。实验所用的动物是兔和狗。

他把狂犬的唾液注射到健康动物的体内，发现唾液对兔也好，对狗也好，显然是有毒性的，可是致病力并不确实，就是说，有的发病了，有的没有。

后来路易斯用血液实验，仍然得不到明确结果。

路易斯不因两次或三次的失败而失望，他又开始另一项新的实验。

仔细观察狂犬病的症状，可以明确察知这是神经系统的疾病。于是，路易斯取出狂犬的脑，加水研磨，然后注射于健康的动物而加以观察。

这项实验的成绩很好，比唾液更为确切地引起了狂犬病。但并不一定绝对导致发病，有很多实验品没有生病。即使生病的实验品，从注射到病发，有的竟然要经过一段很长的时间。

有没有更确切的方法能够引起狂犬病呢？

路易斯想到将病毒直接注入狗脑试试看。他马上设计了新的实验。

实验计划是这样的，先把将要注射病毒的狗紧绑在手术台上，将它麻醉后，用一种特殊机械将狗的头盖骨钻开一个小孔，可以见到它的脑部覆盖着一层硬膜，将注射器刺入膜内注射病毒，接着用石炭酸消毒伤口，最后缝合皮肤，实验宣告完成，前后仅需数分钟而已。

路易斯虽然想马上动手，但迟迟下不了手。孩童时期就心地善良的他，很厌恶任何粗暴、残忍的行为。

做简单的皮肤注射时，狗稍微一叫，路易斯就觉得它很可怜，总是善加安抚一番。如今要在狗的头盖骨上钻孔，想到就心痛。

路易斯迟迟不肯进行新手术，终于有一天，他的学生鲁趁路易斯不在的时候，自行动手了。

第二天他向路易斯报告："老师，昨天我已做好了手术。"

"啊，真是可怜啊！那只狗一定伤了脑，引起麻痹，不能走了吧，可怜的狗！"路易斯担心地说。

鲁没有答话，他笑着走到地下室，把狗带到了实验室。狗很活泼，在实验室欢快地跑来跑去。路易斯见了非常高兴，轻轻摸了摸狗的脑袋。

14天之后，这条狗发作了猛烈的狂犬病，不久就死了。这正是确切地引起狂犬病的方法。他们后来重复多次实验，结果都一样。

向目标迈进

脑内接种的实验果然成功了。狂犬病的研究，向前迈进了一大步。不过，还有新的困难等待着路易斯。

按照处理炭疽病或猪丹毒等的做法，将狂犬病的病原微生物分离出来，用适当的培养液培养，按理说，应该可以证明狂犬病菌的存在才对，但是这却行不通。有病菌是确实的，不过用显微镜却观察不到。路易斯想："可能是这种微生物实在太小，就连显微镜都看不到。"

他的推论是正确的。

因为引起疾病的微生物中，确实有的小到用显微镜也看不到。比如说，流行性感冒和小儿麻痹的病原体就是属于这一类。

路易斯将兔子的头盖骨钻孔，注射病毒，兔子得狂犬病死了。他马上取出死兔脊髓注射在健康的兔子脑中。就这样，一个接着一个，重复同样的实验下去，发现从注射到病发的日数越来越短。在接近 100 次的时候，发病的时间减少到 7 天左右了。将此病毒注射入狗脑，发现毒性现在已经非常地强烈。经长期的兔脑培养，狂犬病毒变得纯粹了。

路易斯每天早上都仔细观察注射了纯粹病毒的动物的状态，并且记录在表中，他还预言："这只兔会一个星期就死亡，那只狗该活得久一点。"他的预言竟然非常准确。

这一群从事于科学研究的人，为了获得这一纯粹的病毒，花费了相当长的时间！

第一号兔子死了接着是第二号的手术，第二号兔子死了接着是第三号的手术……如此地培养病毒，到了第一百号的时候，花的时间已将近 3 年。

路易斯凭借忍耐和努力，使他的研究步步前进。着手狂犬病研究后的第四年，终于达成了目标的一半。

最后需要解决的是，狂犬病的预防法，如能顺利解决，这个研究也就完成了。

"能不能像炭疽病或猪丹毒一样，减弱狂犬病毒的毒性，做成疫苗呢？"路易斯已经在向最后的目标迈进。

路易斯把因狂犬病而刚死亡的兔子的脊髓抽出，像鸡霍乱一样，放在清洁的空气中干燥。随着日子递增，毒性减小，14 天后几无毒性了。将这些脊髓与蒸馏水混合研磨后，用皮下注射的方式注射到几只狗的身上。然后用第十三天的注射；再然后用第十二天的……这样逐渐增强毒性，最后用取自刚死亡的毒性很强的注射，结果这几只狗都没得病。再让这几只狗被狂犬来咬，或者用狂犬脑中取得的病毒来注射，也都没有患狂犬病。

控制了狂犬病免疫状态的路易斯，邀请持有公平立场的委员会鉴定这一实验。

教育部部长接纳了这项请求，于1882年5月底，以医科大学教授为主，组成了委员会。

委员会立刻开始工作。路易斯完成了狂犬病的预防法，并由委员会证明他的研究正确无误。

路易斯继续研究的结果表明，狗被狂犬咬了之后，注射疫苗可以防止狂犬病。

不过，这种预防法能不能应用在人类身上呢？虽然这对狗完全有效，但是在人身上却不知能不能显出同样的效果。

冒险的实验

1885年7月6日，有一个名叫约瑟夫·梅斯特的9岁少年，由母亲带着从遥远的、靠近德国国境的阿尔萨斯来到路易斯的研究室。

"巴斯德先生，请您一定想办法救救我的孩子，他被狂犬咬了。"少年的母亲可怜地说。

这位母亲说，当时梅斯特在上学的路上，一只狗扑倒了他，将他咬伤。有人见到马上赶来，用铁棍把扑在梅斯特身上的狗赶跑，但是他已经是遍体鳞伤。

这只狗回到主人的杂货铺后，又咬伤了主人，主人用枪将它射杀，经过解剖观察，证实了是狂犬。

梅斯特的母亲和杂货店店主都很担忧，马上一起去看医生，医生将伤口用石炭酸消毒后说："你们马上去巴黎，巴黎有一位巴斯德先生正在研究狂犬病，这位先生一定有办法医治的。"

于是，杂货店店主、梅斯特和他母亲三人，马上赶来巴黎。

路易斯检查了被咬的两人的身体，发现杂货店店主虽是被咬，但是身上并没伤口，只咬到衣服而已，没有伤到皮肉。路易斯对他说："请你不用担心，狂犬病是从被咬的伤口传染的，你皮肉没有被咬伤，不会被感染，请你安心回去吧！"就这样杂货店店主回去了，但是少年梅斯特身上到处是伤，伤口竟然有 14 处。

路易斯很想找个办法，救一救这个少年。现在已经找出狂犬病的预防法了。这种预防方法对狗是百分之百有效，但是对人会不会同样有效呢？路易斯完全没有把握！这可是人命关天，路易斯迟迟下不了决心，他打算听听别人的意见。

他请梅斯特母子两人，一起到狂犬病预防法调查委员会，和维尔皮昂博士商量。

维尔皮昂博士对犹豫不决的路易斯毅然地说："狗的实验已经有决定性的成功，对人也必定同样成功。为什么不对这位少年试一试呢？"

"但是如果万一失败的话，我会愧疚一辈子的。更何况这是第一次应用于人体。"

"放着不管，孩子必死无疑，我们怎么能够见死不救？如果因此而成功的话，不就是救了他一命吗？如果你能想到这一点，那么，你就有义务去做一次救人的尝试。"

维尔皮昂博士的话让路易斯坚定决心，他决定当夜就施行第一次注射。

路易斯为这对母子在研究室中安排了房间让他们住下，尽可能让他们感到安心。

第二天上午，路易斯到研究室一看，梅斯特已经和那些为了实验而饲养的鸡、兔子、天竺鼠等动物成了好朋友，跟它们在玩耍。

路易斯悬着的心终于放了下来。连续10天，少年接受了12次注射。随着毒性增加，路易斯也更加担心，但是梅斯特却很健朗，每晚睡得熟，食欲也很好。

7月16日，终于要进行最后一次的注射了，要用毒性强得能使兔子患狂犬病的脊髓。

梅斯特完全信赖路易斯，他轻松地接受了可怕的注射。梅斯特一点都没有显露出恐怖的神情，那一晚他睡得又深又熟。

路易斯整晚都无法入睡。他一直在想，那个少年会不会遭遇不幸。

第二天，梅斯特依然健康活泼。5天过去了、10天过去了、1个月也过去了，一直没有出现狂犬病的症状。后来，梅斯特从研究室出来，安然无恙地回阿尔萨斯去了。

梅斯特终于被救了，而这件事开启了人类疾病预防的新纪元：路易斯的狂犬病预防法可以应用到人体！

科学上的辉煌胜利

梅斯特治疗的结果传开以后，各个地方被狂犬咬了的人，疯狂地涌到路易斯的实验室。治疗狂犬病要用的疫苗供不应求，必须要大量制作才行，所以路易斯实验室忙得不可开交。

治疗每天 11 点在路易斯的房间进行。

路易斯对于来接受注射的人，要一个一个查询被咬的日期和情况，然后写在记录簿里，这样便可随着治疗的进行，选用适当的疫苗。

对于来自乡下的人，他就介绍到研究室附近的旅馆，尽量让他们住得舒适。他特别关心怕注射的小孩，经常在桌子的抽屉里准备一些糖果、饼干。

有一天，一个 37 天前被狂犬咬了的少女前来接受治疗，脸上的伤已经化脓出血。

路易斯看了看少女，认为这个孩子没救了，不久之后就会死于狂犬病，现在才过来，为时已晚，即使注射也没用，就算替她注射，仍旧不免一死，这样还会使人们失去对狂犬病治疗法的信心。与其施救，倒不如放弃治疗。

但是面对少女的恳切哀求的父母，怎么能够忍心拒绝呢？路易斯只能说："我尽可能试试看，不过恐怕是没救的，我就尽尽人事吧！"路易斯有一颗超乎常人的爱心。

接受治疗后的少女，一时间很有起色，路易斯看到了一丝希望，他想也许少女还有救，但是这希望没有持续多久。最终，她还是没能得救。

除了这个来不及施救的少女之外，所有的治疗都成功了。只要是被狂犬咬时间不长的，都可以完全地防止病症的发作。

从1885年11月起到1886年2月底止，路易斯一共治疗了350人，死亡的仅仅1人，就是那位来晚了的少女。

以往谁也无法治疗的狂犬病，已经可以治疗了，这是科学上的辉煌胜利。路易斯将这一事实报告科学院，并建议："狂犬病预防法已经确立，应该设立狂犬病预防疫苗的接种所。"

路易斯的研究室面积不大，又没有医疗设备，这产生了诸多不便，为此，有必要建立新的诊疗所。

科学院马上采纳了路易斯的意见，为了促其早日实现，还设立了委员会。

路易斯对于这一计划的希望是：不求国家援助，可以采用捐款方式在巴黎建造模范医院。所以委员会决定着手募款，除了治疗狂犬病以外，同时可作为传染病的研究中心，并决定命名为"巴斯德研究所"。

捐款运动马上推展到了法国的各个角落，不久更扩展到国外。商人、学生、工人等各阶级的人以及各社团捐献的钱款，陆续不断寄来。

捐赠人的姓名报纸上都有发表。路易斯看到一份阿尔萨斯地方报，不禁眼前一亮，因为他发现了他最先救治的约瑟夫·梅斯特的名字。这位少年本是贫农的儿子，他竟然把微少的零用钱储存起来作为捐款，数目虽小，但情意诚挚，这让路易斯感动不已。

在高等师范学校内的路易斯的研究室，仍然继续治疗被狂犬咬到的人。有的居然远从美国、俄国赶来接受治疗，虽然因为长途跋涉延迟了一些时间，但是后来都治愈了。

现在已经有许多路易斯的学生和医生参加狂犬病的治疗，路易斯本来可以放心地让他们去做，但他每天一定要到研究室工作，一天也不肯休息。

1887 年 10 月 23 日上午，路易斯在房间里写好了信，刚想跟妻子讲话的时候，突然说不出话了。这次又是脑溢血发作，致使他的舌头麻痹。从此之后，路易斯的舌头一直都是卷着的，他再也发不出以前那种铿锵有力的声音了。

巴斯德研究所

1888 年，大家一直都期待的巴斯德研究所终于竣工了。

11 月 14 日，巴斯德研究所的落成典礼十分隆重，法国总统、政界领袖、学者、路易斯的亲友和其学生等都前来参加。

典礼上详细地报道了路易斯的伟大贡献与成就，他的一个朋友在讲述他的丰功伟绩之时，说道：

> 正如我们大家所了解的，巴斯德先生是科学界的领袖，他富有创造性的想象力，他从来都是奉行严密与耐心，所以他得出的理论从来都是准确无误的。如此，巴斯德先生打败了很多错误的理论和知识，建立了"巴斯德世界"的新科学。酵母以及传染病因的微生物的发现和预防接种的发明，这在化学界以及医学界乃至人类医学史上是一种根本的革命……

因为路易斯现在舌头不灵活，在他致辞之时，由任职外交官的儿子代为朗读演说词。

路易斯一直都希望着的、宽阔而设备良好的研究所终于建成了，他凝望着新的研究所，眼里闪动着激动的泪花。

之前，他的研究室是屋顶上简陋的小阁楼，设备与资金一点都不充分，历尽艰难险阻。现在，围拢在他身旁的学生们，以后不用再那么辛苦，可以随心所欲地努力研究。

同年10月，路易斯的恩师杜马的铜像建立在阿拉斯镇内，他想去参加铜像揭幕仪式，不过，他的身体状况不是很好，亲朋好友也为他作长途旅行而担忧，让他打消这个念头，但路易斯说："只要我还活着，我就必须去。"出名之后，仍然尊敬恩师，只要是有关恩师的事情，不管任何困难他都会克服。

返回巴黎的路易斯，不顾身体的日渐衰弱，仍旧每天去研究所继续研究狂犬病的治疗方法。

盛大的庆典

1892 年 12 月 27 日，是路易斯 70 岁的寿辰。这次的寿辰是他最光辉的一天，法国政府在巴黎的大礼堂，为这位老人举行隆重的生日庆典。

会场的贵宾席上坐着政府官员、学院院士、大学教授等各界名流和世界各国的代表，其他席位坐着路易斯的学生和亲友。上午 10 点半，在乐队奏乐声中，路易斯和法国总统并肩进入会场。总统引导路易斯到台上正中央坐下，接受法国各界以及外国代表的祝贺。

首先是教育部部长起立致辞，然后是科学院院长赠送纪念品，纪念品是表面雕刻路易斯侧脸的金牌。随后，欧洲各大都市代表、市议会议长、洛尔镇长、医科学院的代表、医科大学校长等也陆续致贺词。

路易斯感动得掉下欣喜的泪水。他对挤满了大礼堂的人们深表感谢，当路易斯的女儿读完谢词的时候，全场的欢呼声和掌声将整个庆典推向了高潮。

这次盛大的庆典过后，人们对路易斯越来越尊敬。有很多人对已经是 70 岁的他，仍然抱着期待，等着他新的发现与研究。

当时，白喉这一病症也让世人苦恼不已。路易斯的身体日渐衰弱，已经没有办法独自完成新的研究，但是有关白喉问题，仍然有希望不久之后被征服。他的优秀的学生鲁博士和耶尔森博士，正在巴斯德研究所从事这项研究。

白喉是一种传染病，病原是白喉菌，是由德国人克莱布斯在 1883 年发现的，后来同是德国人的勒夫勒完成了白喉菌的分离培养。鲁和耶尔森在研究白喉菌时，有了重要的成就，他们制造出该菌的纯粹毒素，能使天竺鼠在 48 小时内死亡。

发现了毒素，就可以发现抵抗毒素的抗毒素了。这项工作是由德国人贝林与日本人北里柴三郎共同完成的。

他们先在白喉菌毒素中加碘用来减弱毒性，再将减弱了毒性的毒素的量逐渐增加，如此分次注射到马的体内，那么马对毒素就能产生抵抗，也就是说马有了白喉免疫力。接着，他们又用粗针注射器，将针刺入马的颈部的动脉，把血液抽取出来放入瓶中。没过多久，血液就分为沉淀部分和澄清部分。澄清液被称作"血清"，内含抗毒素。这样制取的白喉血清，可用以治疗白喉。

鲁从 1894 年 2 月起，开始试验白喉血清的治疗效果。他每天到医院给患有白喉的儿童注射血清。

鲁做实验的这一间医院，在过去的 3 年中，白喉病患的死亡率是 51%，在施行血清疗法后，马上降低到了 24%。血清疗法的成效已很明显了。这一结果发表以后，在法国引起了很大的反响。

医生们开始大量收取白喉血清，以备治疗这种传染病。不过，制造血清需要相当多的费用。有一家报社呼吁社会捐款，结果很快地募集到 100 万法郎的款项。

巴斯德研究所有了捐款，立刻建造了一座马厩，买进了 100 多匹马，开始大量制取白喉血清。

路易斯的学生所做的工作，不只是血清疗法。耶尔森来到中国研究，发现了在东方很流行的鼠疫的病菌，并找出了对策。路易斯看到学生们的优异成绩，十分欣慰。因为只要后继有人，继续研究工作，那么对于社会的贡献就越来越多，他的科研方法与精神也就能够发扬光大。

不过这时候，路易斯已经年老体衰，不能再工作了。

伟人的逝去

1894 年 11 月 1 日，当路易斯准备出门看望孙子时，突发性糖尿病发作了，他立刻被抬到床上，这样意识模糊的状态持续了 4 个小时，他眼睛紧闭，全身冒冷汗。

由于家人与学生们的悉心照料，路易斯度过了危机，到了 12 月底，他的病情好转了一些。

第二年的 5 月，路易斯的病情看似好多了。学生们在巴斯德研究所搭了一个帐篷，路易斯就在帐篷里消磨下午的时光。

中学时代的好友，现为图尔农大学校长的夏布伊，也时常过来看望路易斯。这50年来，虽然在人生道路上所走的方向不同，但是他们深厚的友谊只增不减，他们都牵挂着彼此。

1895年6月13日，路易斯走下研究所的台阶，搭乘马车去往维伦纽夫·勒伊丹进行疗养，这竟然是路易斯与研究所的永别。

在巴黎的郊外，安静的村庄维伦纽夫·勒伊丹有巴斯德研究所设置的血清制造所，由他的学生鲁博士主持，鲁的一家与路易斯在一起，所以他不会感到孤独。白天，路易斯在面对森林的房间里或者在公园的树荫底下休息。每天，他也会躺下来听妻子或女儿朗诵书本上的知识和故事。

路易斯感觉身体一天比一天衰弱，他只能勉强走两三步路，身上的麻痹越来越严重，说话也越来越不清晰，只是他的眼睛仍然是明亮的。

9月下旬，路易斯已经没有办法起身。9月27日，路易斯的眼神忽然露出了和煦与温暖的表情，他与家人和学生谈论了一会儿，不久就入睡了。没过一会儿，他忽然喘着粗气。之后的24小时，他的身体完全麻痹，双眼紧闭，一只手被妻子和学生紧握，另一只手握着十字架。

就这样，1895年9月28日凌晨4点40分，路易斯在家人和学生的围绕下，与世长辞了！

法国政府得到这一消息，用最隆重的国葬仪式送别这位伟大的科学家。